BIBLIOTHÈQUE DE L'INSTITUT SUPÉRIEUR DE PHILOSOPHIE

La Philosophie de Taine

ESSAI CRITIQUE

PAR

PAUL NÈVE

DOCTEUR EN PHILOSOPHIE

LOUVAIN

Institut supérieur de Philosophie

1, rue des Flamands, 1

PARIS	BRUXELLES
Librairie VICTOR LECOFFRE	Librairie ALBERT DEWIT
90, Rue Bonaparte	53, Rue Royale

1908

LA PHILOSOPHIE DE TAINE

BIBLIOTHÈQUE DE L'INSTITUT SUPÉRIEUR DE PHILOSOPHIE

La Philosophie de Taine

ESSAI CRITIQUE

PAR

PAUL NÈVE

DOCTEUR EN PHILOSOPHIE

LOUVAIN

Institut supérieur de Philosophie

1, rue des Flamands, 1

PARIS	BRUXELLES
Librairie VICTOR LECOFFRE	Librairie ALBERT DEWIT
90, Rue Bonaparte	53, Rue Royale

1908

A

Monseigneur DEPLOIGE

Président de l'Institut supérieur de philosophie

*Ce livre est dédié en témoignage
de reconnaissance et de respect.*

AVANT-PROPOS.

Le présent travail est le développement d'un essai entrepris au cours de nos études à l'Institut supérieur de Philosophie. En le publiant, nous tenons à exprimer notre reconnaissance à nos maîtres: à S. E. le Cardinal Mercier, archevêque de Malines, dont le *Cours de Philosophie* est la source où nous avons puisé les principes de nos connaissances philosophiques; à Monseigneur Deploige, Président de l'Institut supérieur de philosophie, qui nous a initié à la science du Droit Social et aux problèmes de la sociologie; à Monsieur le professeur Maurice Defourny, dont nous avons suivi le cours d'histoire des Théories sociales.

Eprouvant le sentiment très vif de ce que nous devons à leur enseignement et à leurs conseils, nous leur offrons ici l'expression de notre profonde gratitude.

PRÉFACE.

Depuis quinze ans, les travaux consacrés à l'œuvre et à la personne de Taine se sont multipliés. Quand on considère leur nombre déjà grand, on est amené à se demander si, après tant d'études sur Taine, on peut encore espérer faire tâche utile en écrivant un essai critique sur sa philosophie. Toute son œuvre n'a-t-elle pas été discutée, toutes ses idées n'ont-elles pas été dénombrées, tous les points de vue n'ont-ils pas été repérés ? Oui, assurément. Et cependant, il restait encore, après tant de travaux faits, un travail à faire.

M. Paul Bourget écrivait en 1902, après la publication du premier volume de la correspondance de Taine : « Quand la publication sera complète, il y aura lieu de reprendre l'œuvre entière de cette vie laborieuse et de tracer, en rapprochant cette œuvre de cette vie, un portrait définitif de ce beau génie. » [1]. L'œuvre était complète, le système était édifié dans la majesté de ses larges assises et la hardiesse de ses dimensions. Mais quelques moellons y apparaissaient disjoints. On a maintenant le ciment qui permet de combler ces vides. On trouve en effet dans la correspondance de Taine — dont la publication vient d'être achevée [2] — des éléments nouveaux, fort instructifs pour l'histoire de sa pensée ; on surprend la genèse de maintes idées, on découvre les motifs de certaines doctrines, on aperçoit ailleurs des liaisons insoupçonnées, on est parfois mis en présence de théories ébauchées, d'hypothèses en germe. La tâche s'offrait donc aux curieux de sa pensée, de chercher à éclaircir certaines questions controversées par ceux qui ont voulu juger sa philosophie.

Telle la question de la métaphysique.

Plusieurs estiment, avec M. Amédée de Margerie, que Taine a nié la métaphysique ; d'autres

---

1. Paul Bourget. *Études et Portraits. Sociologie et Littérature. Les deux Taine.* Paris. Plon, p. 84.
2. H. Taine. *Sa vie et sa correspondance.* Paris. Hachette, 1907.

prétendent avec M. Barzellotti que Taine, tout en déclarant la métaphysique possible, a pour lui-même renoncé à en rechercher les principes[1]. *— L'une et l'autre de ces opinions sont erronées. Les lettres et les écrits de Taine récemment publiés, montrent qu'il a eu une conception très nette d'une métaphysique et qu'il s'est efforcé à en établir les principes.*

On a maintenant les éléments pour se faire une idée de cette métaphysique et pour en voir la liaison avec les principes fondamentaux du système philosophique de Taine.

Une nouvelle étude sur la philosophie de Taine pouvait donc être tentée.

Nous avons, dans celle-ci, après avoir retracé la vie du penseur, voulu opérer la synthèse des idées, en glanant les éléments dans l'œuvre inté-

---

1. Amédée de Margerie. *H. Taine.* Paris. Poussielgue 1894. « ... M. Taine a été conduit à une philosophie « qui est la négation de la philosophie depuis son som- « met spéculatif jusqu'à son application pratique, de- « puis la métaphysique jusqu'à la morale. » Préface, p. VI. — Giacomo Barzellotti. *La Philosophie de H. Taine.* Paris. Alcan, 1900. « Il n'a pas tenté lui-même... la « construction d'un système métaphysique; mais il admet « cependant que la métaphysique est possible... » p. 129.

grale ; nous nous sommes essayé ensuite à formuler sur les différents points de la doctrine une appréciation critique.

Une objection pourrait être élevée contre notre plan. Nous avons, dans l'œuvre de Taine, distingué deux grandes parties, les intitulant les Causes et les Normes. Cette distinction, demandera-t-on, est-elle recevable ? Un système déterministe comme celui de Taine peut-il admettre des normes ? *Si tout est déterminé, même notre activité mentale, on ne peut guère établir des normes qui supposent l'exercice d'une volonté libre et indépendante. Les sciences normatives prescrivent, en effet, ce qu'il faut faire, les moyens à mettre en œuvre pour atteindre le but qu'on se propose : règles de la logique pour obtenir la connaissance du vrai, règles de l'esthétique pour réaliser la création du beau, règles de la morale pour assurer la pratique du bien, règles de la Politique pour maintenir l'équilibre de la société dans le fonctionnement de son gouvernement et le jeu de ses institutions.*

Il est vrai cependant que les déterministes adoptent les mêmes normes ; mais, n'admettant pas le libre arbitre, ils les conçoivent comme des stimulants dont l'efficacité n'est qu'un heureux acci-

dent dans l'intelligence de ceux qui offrent prise aux attraits du vrai, du beau et du bien

Moyennant cette déviation du sens attaché au mot normes, les déterministes se croient autorisés à les faire rentrer dans l'économie de leurs systèmes.

Ce fut le cas pour Taine : nous trouvons effectivement chez lui une Morale, une Logique, une Esthétique normative et une Politique.

Il y a pour justifier notre division, une seconde raison spéciale à Taine : il n'a pas su, en vérité, maintenir jusqu'au bout et dans ses dernières conséquences, la rigidité de son déterminisme. S'il avait toujours été fidèle à son principe et à l'attitude que celui-ci commande, il se serait abstenu d'émettre certains jugements, de formuler certaines critiques qui ne sont concevables que dans l'hypothèse de la liberté humaine. M. Emile Faguet le faisait remarquer avec une certaine ironie :

« ... Jamais un système ne s'empare d'un homme jusqu'à abolir en lui les instincts intimes, illusions peut-être, mais très probablement conditions mêmes de notre existence, qui sont comme la racine de nos sentiments généraux. Le philosophe qui ne croit pas à la liberté humaine, croit *à la sienne, ou agit comme s'il y croyait, ou agit comme s'il ne faisait que croire qu'il n'y croit point... De même Taine ne croit pas à la liberté humaine et ne peut s'empêcher de s'irriter comme s'il y croyait, contre des actes qui ne sont des crimes que si elle existe... Taine a laissé ses sentiments se mêler à ses idées...* [1] ».

Louvain, ce 9 mai 1908.

---

1. Emile Faguet. *Politiques et Moralistes du XIXe siècle*. 3e série. Paris. Société française d'Imprimerie. 1900. pp. 300-301.

CHAPITRE I

LA VIE DE TAINE

Il est peu d'hommes célèbres dont la vie intime soit moins connue que celle d'Hippolyte Taine. Nul n'a mis un soin plus jaloux à se garer des interviews, des indiscrétions et des instantanés. « En un temps où les illustres s'exhibent tout nus et se font crier aux enchères sur la place publique, il gardait une pudeur de vierge pour sa vie privée, il défendait son foyer contre les plus innocentes curiosités [1]. » Il manifestait en cette matière une intransigeance qui ne connut jamais les compromis : « il avait, sur le secret dû à la vie privée, des délicatesses de fond presque infinies, qui étaient comme autant de points vulnérables, et ces délicatesses se tournaient en sévérités décidées lorsqu'on les

1. Eugène-Melchior de Vogüé, *Devant le Siècle*. Paris, Colin, 1896, p. 293.

offensait d'une certaine manière [1]. » On l'a vu lors de la publication du second volume du *Journal des Goncourt*, qui relatait les propos tenus par les convives des dîners de Magny auxquels assistait Taine : « J'avais écrit à M. de Goncourt, après son premier volume, pour le prier, en mémoire de notre ancienne camaraderie, de ne pas faire mention de moi dans le second ; il l'a fait ; tout est rompu entre nous ; désormais, si je dînais encore en ville, je m'informerais au préalable, et je refuserais de dîner s'il y était admis [2]. »

Cette volonté de maintenir l'intimité de sa vie privée à l'abri de toute indiscrétion, Taine l'a affirmée jusqu'à son dernier jour. Sa volumineuse correspondance, dont la publication vient d'être achevée, ne pouvait, selon sa volonté, laisser pénétrer le secret de ce domaine réservé. Son testament porte, en effet, que « les seules lettres ou correspondances qui pourront être publiées, sont celles qui traitent de matières purement générales ou spéculatives, par exemple de philosophie, d'histoire, d'esthétique, d'art, de psychologie ; encore devra-t-on en retran-

---

1. Emile Boutmy, *Taine, Scherer, Laboulaye* Paris, Colin, 1901, p. 44.
2. *Vie*, T. IV, p. 257.

cher tous les passages qui, de près ou de loin, touchent à la vie privée... [1] ». Mais quelque soin que l'on ait mis à exécuter cette volonté, la correspondance de Taine nous laisse cependant entrevoir l'homme derrière le philosophe ; on devine parfois le caractère, les mouvements du cœur et de la sensibilité à travers les idées et les théories, assez du moins pour soupçonner la hauteur morale et la délicatesse de cette nature d'élite. Mais pour la bien connaître, il faut entendre le jugement qu'ont porté sur elle les quelques amis qui en ont pu goûter le charme :

« Il vivait, — écrit M. Boutmy, — retranché derrière un mur percé d'une seule porte étroite, par où ne passaient que quelques amis sûrs. Ce seuil franchi, on trouvait une âme d'une qualité rare : une vie toute unie, une simplicité de goûts absolue, un amour de l'ombre et du silence, un bonheur fait de tendresses pour les siens, de quelques affections viriles et d'un labeur incessant ; une candeur presque juvénile, à côté de l'esprit le plus averti et le plus sagace, le plus nourri d'observations et d'expériences morales ; une humilité qui commençait toujours par se

---

1. *Vie*, t. I, p. 3.

récuser ; une foi touchante, et sans doute excessive, dans la supériorité de l'homme spécial, du praticien ; une sincérité parfaite envers soi-même [1]. »

Le jugement de M. Gabriel Monod est aussi significatif : « Taine... avait horreur de tout ce qui ressemble au bruit, à la réclame ; il fuyait le monde, non seulement parce que sa santé et son travail l'exigeaient, mais parce qu'il lui déplaisait d'être un objet de curiosité et de mode [2]. »

Et sous la plume de M. de Vogüé, nous trouvons cet éloge ému : « Si haute que fût l'intelligence de notre ami, pour connaître combien il était grand, c'est à l'âme qu'il le fallait mesurer. Ame charmante d'enfant, naïve, candide, sincère ; je répéterais ce dernier mot vingt fois que je ne l'aurais pas assez dit, car il peint tout l'homme. Fleur unique, produit d'une droiture naturelle, d'une culture savante et d'une vie sans tache, on la voyait trop peu, cachée derrière le chêne noueux qui se montrait seul à la foule. Dans les yeux de ce vieillard qui avait tout lu, tout su par les livres, on surprenait parfois le

---

1. Boutmy, op. cit., pp. 44-45. *Michelet*. Paris, C. Lévy, pp. 143-144.
2. Gabriel Monod, *Les Maîtres de l'histoire*, — Renan, Taine,

regard divin de l'enfant, l'étonnement incrédule qu'ils ont, ces petits, devant la vie réelle, le mal, l'ironie. »

Ecrivant ces pages au lendemain de la mort de Taine, M. de Vogüé ajoutait :

« Je viens de m'agenouiller devant le lit mortuaire d'un saint. Si les mots, sous leurs emplois transitoires, gardent un sens intime et durable, si le plus beau titre qu'aient inventé les hommes se justifie surtout par l'abnégation d'un sens terrestre, par le don de toute une vie aux vérités éternelles et par la pratique du bien — nul n'a mérité ce titre mieux que ce bénédictin égaré dans notre âge, où il semblait un moine en peine de son couvent [1]. »

Ce témoignage des familiers de Taine est précieux ; on n'aurait pu, en effet, s'imaginer l'homme d'après l'œuvre. Autant le caractère était modeste, autant la pensée était orgueil-

---

1. E. M. de Vogüé, op. cit., pp. 292-294. — Il faut entendre ces témoignages de contemporains et d'amis pour comprendre le parti-pris qu'inspire ce jugement de M. Aulard : « Ce travailleur, cet homme d'étude et de cabinet, bénédictin laïque, si vous voulez, n'a du bénédictin que la studiosité ; il est fort habile à se faire valoir, il a un goût très réaliste de la réclame. » A. Aulard, Taine, historien de la Révolution française. Paris, Colin, 1907. Ce jugement de M. Aulard tend à disqualifier le caractère de Taine, et en cela il est immérité. Nous dirons nous-mêmes plus loin que la modestie de caractère chez Taine ne s'accompagnait pas d'une égale modestie d'intelligence ; il y a là une antinomie que nous ferons remarquer.

leuse. Taine avait une superbe intellectuelle, provenant non pas de ce qu'il se complût dans la force de son intelligence, mais de ce que la science ne pouvait, selon lui, connaître de limites, et laisser sans réponse aucun des problèmes sur le monde ou sur l'homme. Il semble qu'il y ait eu, chez lui, une cloison étanche entre la pensée et la vie ; le divorce est absolu entre le caractère et l'intelligence.

Taine n'a pas vécu ses doctrines ; il ne s'est jamais demandé à quelles conséquences pratiques elles auraient pu aboutir, appliquées aux actions de la vie quotidienne. Et quand d'autres ont cherché à faire cette application et à changer en maximes pratiques les principes théoriques, il en a ressenti cet étonnement d'un enfant devant la vie réelle et le mal, dont parle M. de Vogüé, et il s'est rebiffé. On sent percer ces sentiments dans la lettre qu'il écrivit en 1889 à M. Paul Bourget à propos du *Disciple* [1]. Son rêve scientifique avait été projeté dans la vie réelle, et il voyait pour la première fois les conséquences auxquelles ses doctrines devaient mener ceux qui les voulaient vivre. De là cette lutte entre l'intelligence qui défend ses droits,

---

1. *Vie*, T. IV, p. 287 et sq.

et le cœur qui impose ses exigences ; de là ce compromis entre ce cœur et cette intelligence pour écarter la réalité et rentrer dans le rêve, avec moins de confiance peut-être et moins de sérénité. Tout le raisonnement que Taine oppose à M. Bourget trahit cette dualité et ce conflit dans sa personnalité. M. Victor Giraud écrivait tout récemment à ce propos, avec beaucoup de finesse : « Jusqu'à quel point, en composant son personnage d'Adrien Sixte, le romancier avait-il songé à l'auteur de l'*Intelligence*? Ce qui est certain, c'est que plusieurs des traits du caractère fictif s'appliquaient trop bien à l'homme réel et vivant, pour que celui-ci ne se sentît pas directement visé. La philosophie générale de Sixte, n'était-ce pas la sienne? Le déterminisme absolu que pratiquait le maître de Greslou, n'était-ce pas, en des formules souvent bien voisines des siennes propres, la doctrine que lui-même avait si fermement embrassée? N'allait-il donc pas, en lisant le roman, se trouver, idéalement, dans une situation morale assez analogue à celle d'Adrien Sixte... ? Et l'inquiétante question de la responsabilité morale encourue par l'écrivain qui pense pour ainsi dire tout haut, sans se soucier des conséquences possibles de ses idées, n'allait-elle pas se poser devant lui avec une impérieuse acuité ? En un mot, n'était-ce pas sa vie et son œuvre tout entière qu'il allait avoir à juger d'ensemble et presque directement ? — La lettre de Taine répond, non pas complètement, mais d'une façon bien suggestive à ces questions. Sous l'objectivité et l'impersonnalité volontaire de la forme, on sent le frémissement de l'âme qui a été atteinte plus profondément qu'elle ne veut le laisser paraître ; on sent l'homme qui s'est reconnu, et qui ne veut pas se reconnaître... [1]. »

Mais le coup avait porté, et, trois ans plus tard, Taine laissait échapper cet aveu — combien significatif dans la bouche d'un croyant de la science, au déclin de ses jours — : « la vérité scientifique n'est supportable que pour quelques-uns ; il vaudrait mieux qu'on ne pût l'écrire qu'en latin [2]. » L'homme reparaissait avec sa sincérité et sa droiture, avec cette nature si délicate et si fine qui s'est toujours volontairement dérobée aux yeux du grand public.

C'est à de pareils indices que les biographes de Taine doivent recourir afin de ne pas réduire

---

1. Victor Giraud, *La personne et l'œuvre de Taine, d'après sa correspondance*. Revue des Deux Mondes, 1er février 1908, p. 552.
2. *Vie*, T. IV, p. 340.

uniquement à une nomenclature de dates et de faits, le tableau d'une vie que la modestie et la pudeur d'une âme très haute ont décoloré par avance pour la badauderie des curieux et des in discrets.

⁂

Hippolyte-Adolphe Taine naquit à Vouziers, le 21 avril 1828. Il appartenait à une famille de bonne bourgeoisie provinciale, de tradition catholique ; plusieurs de ses ascendants avaient exercé, dans ce coin perdu des Ardennes, des professions libérales. Son arrière grand-père manifestait déjà un goût prononcé pour les idées abstraites, goût qui s'est retrouvé, avant d'éclore en génie dans son arrière-petit-fils, au premier plan des préoccupations intellectuelles de plusieurs des membres de cette famille.

L'éducation du jeune Taine fut toute familiale, et ce n'est qu'après sa première communion qu'il fut envoyé dans un pensionnat à Rethel. Il y demeura jusqu'à la mort de son père, qui survint en 1840. En 1841, il fut envoyé à Paris, où sa mère vint bientôt le rejoindre. Il y suivit, avec les élèves de l'institution Mathé, les classes du collège Bourbon. Il mena pendant sept ans une vie laborieuse et recueillie, tout imprégnée de l'ardeur studieuse de son milieu familial. Dès cette époque, son labeur est énorme ; il promène sa curiosité intelligente sur les questions les plus variées. Il avait quinze ans lorsqu'il commença à perdre ses convictions religieuses.

En 1848, il entra à l'Ecole Normale où il ne tarda pas à s'imposer à ses condisciples par l'ampleur de son érudition et l'aménité de son caractère. Il faut lire le jugement que ceux-ci portaient sur lui dès ce moment.

« Notre cacique Taine — écrivait Francisque Sarcey — est bien l'esprit le plus absolu que j'aie connu : ce gaillard-là a des systèmes sur tout, et sa vie n'est qu'un long système. Il étudie sans cesse Aristote et Spinoza, il s'y plonge, il s'y enfonce, il leur trouve de l'esprit, de l'imagination ; grand bien lui fasse ! J'aime mieux le croire, comme on dit, que d'aller y regarder. Chez lui, ce n'est pas, comme on pourrait penser, affectation pure, la nature l'a ainsi fait : il est inexorablement logique et métaphysicien jusqu'à l'absurde. Dans toute chose, il remonte au principe, ou du moins ce qu'il croit l'être, et il en déduit rigoureusement, inflexiblement, avec une grande puissance de dialectique, les plus énormes sottises. On s'en moque un peu à l'école, non pas moi, car j'aime l'entendre exposer ses théories ; il parle avec facilité, clarté, élégance, quoique toujours il reste un peu froid et monotone... Il n'y a pas d'esprit plus étendu, plus flexible, plus actif. Il se répand sur mille études à la fois : mathématiques, philosophie, histoire, littérature française et étrangère, rien ne lui échappe ; il a tout vu, tout lu, il sait tout...

« Il n'est pas très aimé parce qu'il a le caractère peu liant et que ses opinions répugnent un peu à tout le monde. On prétend qu'il a peu de cœur ; je me porterais garant du contraire. Il n'étale pas une sensiblerie souvent fausse et toujours exagérée sur les malheurs des ouvriers, sur la misère... mais au fond, je suis persuadé qu'il se dévouerait pour une noble cause plus aisément peut-être que tous les braillards qui ne tarissent pas sur la conduite des gouvernements... C'est un garçon que j'estime beaucoup, et avec qui je me lierais, s'il y avait moyen de former une liaison à l'Ecole normale [1]. »

Cette période de l'Ecole normale fut très féconde en travaux de tous genres, mais spécia-

---

1. *Journal de Jeunesse de Francisque Sarcey*, recueilli et annoté par Adolphe Brisson. Bibliothèque des Annales Politiques et Littéraires, pp. 68 à 70.

lement en recherches d'ordre philosophique. C'est alors que Taine rencontra les premières influences qui furent décisives sur l'orientation de sa pensée, celle de Spinoza et celle de Hegel. Le Taine de la vingtième année faisait déjà pressentir le Taine de la cinquantième.

Dès 1849, il avait commencé à préparer son agrégation en philosophie. La variété de ses travaux et leur nombre, sa remarquable érudition, ne l'empêchèrent pas en 1851 d'aboutir à un échec. M. Gabriel Monod a très bien mis au point la teneur de cet incident autour duquel diverses légendes se sont créées :

« Beaucoup de gens crurent et répétèrent que c'était M. Cousin qui présidait le jury et qu'il avait dit de Taine : « il faut le recevoir premier ou le refuser ; or il serait scandaleux de le recevoir premier. » On rejeta aussi sur son concurrent Aubé la responsabilité de son échec. Après une leçon de Taine sur le *Traité de la connaissance de Dieu*, de Bossuet, Aubé, chargé d'argumenter contre lui, l'aurait perfidement pressé de dire son avis sur la valeur des preuves classiques de l'existence de Dieu. L'embarras et le silence de Taine auraient entraîné sa condamnation... Il n'est pas sans intérêt de rétablir sur ces divers points l'exacte vérité.

Non seulement M. Cousin n'était pour rien dans l'échec de Taine, mais il s'en montra fort mécontent. Il était assez clairvoyant pour pressentir qu'une réaction se préparait contre l'éclectisme et pour deviner un redoutable adversaire dans ce jeune homme aussi absorbé dans ses spéculations qu'auraient pu l'être Descartes ou Spinoza. M. Aubé, malgré la malice trop réelle de ses questions, n'avait pas davantage causé l'échec de son camarade, car Taine avait eu la note maximum 20 pour sa leçon et son argumentation sur Bossuet. La vérité est que ses juges avaient sincèrement trouvé ses idées déraisonnables, sa manière d'écrire et sa méthode d'exposition sèches et fatigantes. Ils le déclarèrent non seulement incapable d'enseigner la philosophie, mais même, peu fait pour réussir dans un concours d'agrégation [1]. »

Ce jugement lui valut, de la part de ses amis et de ses maîtres, un concert de protestations et d'exhortations qui le consolèrent de ses déboires [2]. Le 13 octobre 1851, il fut nommé à la suppléance de philosophie au collège de Nevers. La solitude à laquelle il se trouva forcément réduit, lui permit de se livrer tout entier

1. Gabriel Monod, *op. cit.*, pp. 70-71.
2. *Vie*, T. I, pp. 124 et sq.

au travail. Aussi l'année de professorat fut-elle pour lui des plus fructueuses. Ayant été contraint de renoncer à l'agrégation de philosophie, il dut choisir celle des Lettres ; il commença dès lors à rédiger sa thèse sur les fables de La Fontaine.

Son séjour à Nevers ne devait pas durer longtemps ; le 29 mars 1852, il fut désigné pour la suppléance de la chaire de rhétorique au lycée de Poitiers. La mesure traduisait les suspicions qu'on nourrissait en haut lieu contre ses doctrines.

« J'ai remarqué — lui écrivait le ministre de l'Instruction publique, M. Fortoul — que vos leçons philosophiques à Nevers, rappelaient trop les doctrines qui vous ont été reprochées à juste titre dès votre début. Aussi je ne suis pas sans inquiétude sur les résultats de l'épreuve nouvelle à laquelle vous allez être soumis [1]. »

Taine supporta vaillamment l'épreuve, consacrant le meilleur de son temps à la rédaction de ses thèses de psychologie qu'il présenta au doctorat en Sorbonne et qui furent refusées.

Les suspicions dont il était l'objet devaient aboutir à de nouvelles mesures de rigueur ; à la

---

1. *Ibidem*, pp. 230-231.

fin de l'été de 1852, il fut nommé professeur de sixième au lycée de Besançon. Cette nomination équivalait à une destitution. Taine le comprit ; il demanda et obtint un congé de disponibilité qui devait marquer la fin de sa carrière professorale.

De retour à Paris, et, pour s'assurer des moyens d'existence, il s'engagea à donner un cours à l'institution Carré-Demailly. Indépendant dès lors, il s'adonna tout entier à ses études, poursuivant la rédaction de ses thèses pour le doctorat, suivant des cours de physiologie, de botanique, de zoologie et fréquentant la clinique de la Salpêtrière. A la fin du mois de mai 1853, il fut reçu docteur ès-lettres à la Sorbonne.

L'hiver de cette même année fut consacré à la préparation d'une étude sur Tite-Live que Taine comptait présenter au concours de l'Académie Française. Il n'en entreprit pas moins des études de physiologie et de sciences naturelles qui devaient lui fournir plus tard les matériaux de l'*Intelligence*. La maladie le contraignit à suspendre ses travaux et à faire un séjour aux Pyrénées. Les notes qu'il en rapporta devaient, sur la demande de M. Hachette, fournir la matière d'un Guide aux Eaux des Pyrénées. Elles-

devinrent en réalité le *Voyage aux Pyrénées*, dont la première édition parut en 1855. « Cette année 1854 est une date importante dans la vie de Taine. Le repos auquel il fut contraint, l'obligation de se mêler aux hommes, de se promener, de voyager, l'arrachèrent à sa vie claustrale et à son travail solitaire pour le mettre en contact plus direct avec la réalité. Sa méthode d'exposition philosophique s'était modifiée pendant cette année d'observation de la vie réelle [1]. »

L'année 1855 marqua les débuts de Taine à la *Revue de l'Instruction publique* et à la *Revue des Deux Mondes;* un an plus tard, il collaborait au *Journal des Débats*.

Au mois de mai 1855, l'Académie Française couronna son *Essai sur Tite-Live* qu'elle avait rejeté une première fois en 1854. Taine l'avait remanié dans l'entretemps. Il entreprit cette même année, deux séries d'études sur la littérature anglaise et sur les philosophes français du XIXe siècle.

Pendant les années 1856 et 1857, Taine retomba malade : une crise de fatigue cérébrale et de dépression nerveuse le contraignit à un repos absolu. Il dut se limiter à la publication de

1. Gabriel Monod, *op. cit.*, p. 96.

quelques articles dans diverses revues, qui devaient rentrer dans les *Essais de critique et d'histoire* publiés en février 1858. Ces articles furent très remarqués. Sainte-Beuve écrivait à cette époque : « M. Taine est un des jeunes critiques dont le début a le plus marqué dans ces derniers temps, ou, pour parler sans à peu près, son début a été le plus ferme et le moins tâtonné qui se soit vu depuis des années en littérature. Chez lui, rien d'essayé, rien de livré au hasard de la jeunesse : il est entré tout armé ; il a pris place avec une netteté, une vigueur d'expression, une concentration et un absolu de pensée qu'il a appliqués tour à tour aux sujets les plus divers, et dans tous il s'est retrouvé un et lui-même. Il a voulu et il a fait. Il a du talent, et il a un système [1]. »

Taine ne put se remettre au travail que vers la fin de 1859. L'année précédente il avait fait un voyage en Hollande, en Belgique et en Allemagne. Le repos forcé auquel il était astreint lui était très pénible.

« Je vis en huître — écrivait-il le 30 janvier 1859 — je n'ai plus de leçons, j'évite de penser, de causer... J'étais fort triste d'abord de mon

---

1. Sainte-Beuve, *Causeries du lundi*. Extraits publiés par Gustave Lanson. Paris, Garnier, 1900, p. 549.

état et de l'avenir ; depuis je me suis fait de la morale et j'ai repris mon équilibre [1]. » Le seul travail marquant qui parût à cette époque est la deuxième édition refondue du *Voyage aux Pyrénées*. En 1860, Taine fit son premier séjour en Angleterre dans le but de pousser ses études sur la littérature anglaise ; il consacra les trois années suivantes à la préparation du grand ouvrage qu'il méditait d'écrire sur ce sujet. Le premier volume de l'*Histoire de la littérature anglaise* parut en 1864. Dans l'entretemps paraissaient, en 1861 sa thèse sur La Fontaine entièrement remaniée sous le titre de *La Fontaine et ses fables*, et quelques articles de critique dans diverses revues. En 1862, Taine s'essaya à écrire un roman, mais il n'en rédigea que quelques chapitres ; le récit tournait à l'autobiographie.

Au mois de mars 1863, il fut nommé examinateur d'admission à l'Ecole militaire de Saint-Cyr. Ses nouvelles fonctions l'obligèrent à se rendre en province. Les notes qu'il en rapporta devaient fournir la matière des *Carnets de Voyage*. Pendant l'hiver de cette même année, Taine fréquenta quelques salons en vue, celui

---

1. *Vie*, T. II, p. 181.

de la Princesse Mathilde où il trouva l'accueil le plus bienveillant jusqu'au jour de la rupture que devait provoquer son portrait de Napoléon, celui de la comtesse d'Haussonville, de Guizot, d'Edouard Bertin. Les *Notes sur Paris* furent prises en partie au retour de ces réunions mondaines.

En 1864, Taine fit un séjour en Italie; les études d'art qu'il y poursuivit devaient lui servir pour son cours à l'Ecole des Beaux-Arts ; il allait, en effet, y être nommé à la chaire d'esthétique et d'histoire de l'art le 24 octobre 1864. Taine fut très heureux de cette nomination ; elle fut une compensation au déplaisir qu'il ressentit à se voir refuser par l'Académie Française, le prix Bordin pour lequel il avait présenté son *Histoire de la littérature anglaise*.

Il commença son cours à l'Ecole des Beaux-Arts en 1865 ; il devait y professer pendant vingt ans avec un succès toujours égal. M. Paul Bourget a dépeint d'une façon très vivante l'impression qu'il a gardée des leçons du maître :

« Je me souviens qu'au lendemain de la guerre, étudiants à peine échappés du collège, nous nous pressions avec un battement de cœur dans la vaste salle de l'Ecole des Beaux-Arts, où M. Taine enseignait pendant les quatre mois d'hiver... Le maître parlait de sa voix un peu monotone et qui timbrait d'un vague accent étranger les mots des petites phrases ; et même cette monotonie, ces gestes rares, cette physionomie absorbée, cette préoccupation de ne pas surajouter à l'éloquence réelle des documents l'éloquence factice de la mise en scène, — tous ces petits détails achevaient de nous séduire. Cet homme, si modeste qu'il semblait ne pas se douter de sa renommée européenne, et si simple qu'il semblait ne se soucier que de bien servir la vérité, devenait pour nous l'apôtre de la Foi Nouvelle. Celui-là du moins n'avait jamais sacrifié sur l'autel des doctrines officielles. Celui-là n'avait jamais menti. C'était bien sa pensée qu'il nous apportait dans ces petites phrases si courtes et si pleines, — sa pensée, profondément, invinciblement sincère... [1] ».

Taine condensa la matière de son enseignement à l'Ecole des Beaux-Arts dans les deux volumes de la *Philosophie de l'Art* publiés en 1882.

En 1866 parut le *Voyage en Italie*.

Taine consacra les trois années suivantes à la préparation de son ouvrage de prédilection

---

[1] Paul Bourget, *Essais de Psychologie contemporaine*. Paris, Lemerre, 1889, pp. 179-180.

l'*Intelligence*, dont la première édition date de 1870.

Le 8 juin 1868, Taine avait épousé Mademoiselle Denuelle, fille de M. Alexandre Denuelle, artiste d'un talent très estimé.

Il voyageait en Allemagne au commencement de l'année 1870, ne prévoyant guère les événements qui allaient éclater. La déclaration de la guerre le surprit douloureusement. De retour à Paris, il voulut prendre du service dans la Garde Nationale, mais il s'y vit refusé à cause de sa santé débile. Il faut lire sa correspondance de cette époque pour se rendre compte de l'impression profonde qu'il ressentit des suites funestes qui devaient résulter pour la France de la guerre avec l'Allemagne. « J'ai essayé — écrivait-il — de me remettre au travail, mais sans y réussir. L'anxiété et le chagrin ont émoussé ma verve... Je suis las, et je ne sais pas si je retrouverai la force d'écrire. » « Les nouvelles deviennent de plus en plus tristes. Il y a des jours où j'ai l'âme comme une plaie ; je ne savais pas qu'on tenait tant à sa patrie... »

Les événements de la Commune de Paris provoquent chez lui une indignation profonde et une souffrance intime :

« Je suis dans un état continu de désespoir sec et de colère muette pour qui toute parole ou écriture est une peine... » « Ma vie est bien vide, et j'ai le cœur triste. J'essaie en vain de travailler, j'ébauche en pensée mon futur livre sur la France contemporaine [1]. »

L'impression fut durable et provoqua chez Taine une orientation nouvelle de ses travaux. *Les Origines de la France contemporaine* sont la contribution qu'il apporta à l'œuvre de régénération que les hommes de cœur rêvaient en France pour leur patrie, au lendemain de ses désastres.

M. Gabriel Hanotaux a décrit le revirement qui s'opéra dans cet « ascète de la pensée », dans ce « prophète du déterminisme ».

« Le philosophe dit adieu, une fois pour toutes, à la philosophie. Jusque-là, il avait fait deux parts de sa vie, réservant la meilleure à la contemplation et à la recherche de la vérité pure : il met les pieds dans la rue et il entend la clameur qui retentit dans la cité. Drame d'idées. Ce petit homme mince et décoloré, mâchonnant ses feuilles pectorales, l'œil bigle et le regard gris derrière ses lunettes épaisses, a vu enfin ces

---

1. *Vie*, T. III, pp. 36-37-39-77-90.

choses qui l'étonnent, des hommes qui meurent, du sang qui coule, des villes qui flambent...

Voici un Taine nouveau, un Taine ému, un Taine humanisé [1]. »

C'est le Taine des *Origines* qui vouera désormais ce qui lui reste de force et de vigueur à l'élaboration de son grand ouvrage historique. Vingt années n'ont pas suffi pour l'achever. Et cependant ce labeur immense l'absorba tout entier. Depuis 1870, les dates de publication se rapportent toutes aux volumes des *Origines*. Seuls quelques travaux préparés avant cette époque, comme les *Notes sur l'Angleterre*, et quelques articles de critique qui ont été rassemblés plus tard dans les *Nouveaux* et *Derniers Essais de critique et d'histoire*, paraissent encore en dehors de ceux-là. Désormais Taine passe tout son temps à dépouiller les Archives Nationales. C'est à peine si quelques événements, et certaines obligations mondaines peuvent l'en distraire.

Taine fut élu à l'Académie française, le 14 novembre 1878, au fauteuil de M. de Loménie, après deux échecs successifs en 1874 et au dé-

---

[1]. Gabriel Hanotaux. *Histoire de la France contemporaine*. II, La Présidence du Maréchal de Mac-Mahon. Paris, Combet, pp. 551-552.

but de cette même année 1878. Il n'avait pas recherché ces honneurs ; pour l'amener à les solliciter ses amis eurent à vaincre une très vive résistance. Mais il goûta beaucoup dans la suite les agréments de ce « club de gens intelligents ». Il entretint avec ses collègues des rapports très cordiaux. Plusieurs d'entre eux furent admis à assister à ses réceptions hebdomadaires dans le vaste appartement qu'il occupait dans l'ancien hôtel Molé, rue Cassette. L'un d'eux, M. le comte d'Haussonville, en a rappelé récemment la physionomie. « Pauvre maison de la rue Cassette ! écrivait-il. Je suis certain de n'être pas le seul à la regretter avec son bel escalier de pierre de taille, son air de vieil hôtel de province, sa cour un peu triste, ses salons un peu froids qui se commandaient les uns les autres, mais dont le cadre convenait si bien à celui qui l'habitait... Là il m'a été donné de voir de près un homme que j'admirais de loin, et de comprendre combien il était digne d'être aimé... Personne n'avait l'accueil plus aimable et ne s'appliquait moins à faire sentir la distance... Personne n'avait plus d'égards que lui pour l'interlocuteur, même le plus modeste... [1]. »

---

1. Comte d'Haussonville, *La correspondance de Taine*, loc. cit.

Taine réservait le même accueil chaud et cordial aux amis intimes qu'il recevait dans sa propriété de Menthon-St-Bernard, sur les bords du lac d'Annecy. Il affectionna toujours les sites délicieux de ce coin de Savoie, où, dans les dernières années de sa vie, il passa le meilleur de son temps. Ces années s'écoulèrent dans la douceur d'une vieillesse sereine et laborieuse. La mort le surprit en pleine lucidité d'esprit, sans agonie, le dimanche 5 mars 1893.

Cinquante années d'efforts incessants et de labeur opiniâtre avaient épuisé le grand penseur qui « n'avait jamais aimé que la vérité ».

BIBLIOGRAPHIE.

I. Les ouvrages de H. Taine
dans leur édition la plus récente publiée par la librairie Hachette et Cie à Paris.

De l'Intelligence. 11ᵉ édition. 2 vol.
Philosophie de l'Art. 12ᵉ édition. 2 vol.
Histoire de la littérature anglaise. 12ᵉ édition. 5 vol.
Les Philosophes classiques du XIXᵉ siècle en France. 9ᵉ édition. 1 vol.
La Fontaine et ses fables. 17ᵉ édition. 1 vol.
Essai sur Tite-Live. 7ᵉ édition. 1 vol.
Essais de Critique et d'histoire. 10ᵉ édition. 1 vol.
Nouveaux Essais de critique et d'histoire. 8ᵉ édition. 1 vol.
Derniers Essais de critique et d'histoire. 3ᵉ édition. 1 vol.
Notes sur l'Angleterre. 13ᵉ édition. 1 vol.
Voyage en Italie. 13ᵉ édition. 2 vol.
Carnets de voyage. Notes sur la province. (1863-1865). 1 vol.
Voyage aux Pyrénées. 17ᵉ édition. 1 vol.

Notes sur Paris: vie et opinions de Frédéric-Thomas Graindorge. 16ᵉ édition. 1 vol.

Les origines de la France contemporaine. 25ᵉ édition. 12 vol.

Un séjour en France de 1792 à 1795. Lettres d'un témoin de la Révolution française. Traduit de l'anglais. 6ᵉ édition. 1 vol.

H. Taine. Sa vie et sa correspondance. 4ᵉ édition. 4 vol.

II. LES OUVRAGES SUR TAINE.

La Bibliographie concernant Taine a été dressée d'une manière très complète et très érudite par M. Victor Giraud. Nous nous contenterons donc d'y renvoyer nos lecteurs pour la période antérieure à 1902. « Bibliothèque « des bibliographies critiques publiée par la Société des « Etudes historiques. » *Taine*, par Victor Giraud. Paris. Alphonse Picard. 1902. — Outre des renseignements très précieux sur la publication des ouvrages de Taine, on y trouve l'énumération de 292 ouvrages et articles publiés sur Taine tant en France qu'à l'étranger. Nous en donnons ci-après l'indication des plus importants.

VICTOR GIRAUD. *Essai sur Taine, son œuvre et son influence.* Ouvrage couronné par l'Académie Française. Paris. Hachette. 1902.

AMÉDÉE DE MARGERIE. *H. Taine.* Paris. Poussielgue. 1895.

Giacomo Barzellotti. *La Philosophie de H. Taine.* Traduit de l'italien par Auguste Dietrich. Bibliothèque de Philosophie contemporaine. Paris. Alcan. 1900.
Paul Bourget. *Essais de Psychologie contemporaine.* Paris. Alphonse Lemerre. 1889.
Emile Boutmy. *Taine, Scherer, Laboulaye.* Paris. Armand Colin. 1901.
Emile Faguet. *Politiques et Moralistes du dix-neuvième siècle.* Troisième Série. Paris. Société française d'imprimerie. 1900.
Albert Sorel. *Nouveaux Essais d'histoire et de critique. Discours de réception à l'Académie Française.* Paris. Plon. 1898.
Gabriel Monod. *Les Maîtres de l'histoire : Renan, Taine, Michelet.* Paris. C. Lévy. 1896.
Sainte-Beuve. *Causeries du lundi.* Paris. Garnier. t. XIII, p. 204-233.
Eugène-Melchior de Vogué. *Devant le Siècle.* Paris. Colin. 1896.

— Quelques ouvrages ne sont pas mentionnés dans la bibliographie de M. Giraud; nous énumérons ci-après ceux d'entre eux que nous avons consultés :

L. Empart. *De la connaissance humaine. Lettres à M. H. Taine.* Louvain, Fonteyn et Paris, Librairie Henri Aniéré. 1872.
Robert Flint. *History of the philosophy of history. Historical philosophy in France and*

french Belgium and Zwitserland. Edimburgh and London. William Blackwood. 1893. p. 627-640.

HENRY MICHEL. *L'idée de l'Etat.* Essai critique. Paris. Hachette. 1896, p. 534-538.

LUCIEN LÉVY-BRUHL. *History of Modern Philosophy in France.* London. Kegan Paul, Trench, Trübner. 1899, p. 397-435.

FRANCISQUE SARCEY. *Journal de Jeunesse de Francisque Sarcey*, recueilli et annoté par Adolphe Brisson. Paris. Bibliothèque des Annales Politiques et Littéraires.

Ouvrages et articles postérieurs à 1902.

Nous donnons ci-après la liste des ouvrages et articles qui ont été publiés sur Taine depuis 1902 — date à laquelle s'arrête la bibliographie de M. Giraud, — et dont nous avons eu connaissance.

LUCIEN ROURE. *Hippolyte Taine. Religion et Naturisme.* Etudes. 20 mars. — 5 avril 1903.
— *Les idées politiques et sociales de Taine.* Etudes. 20 septembre — 5 octobre 1903.

CH. CEBEE. *Catholicisme et monisme à propos de la mentalité philosophique d'H. Taine.* Annales de Philosophie chrétienne. Avril 1904.

Comte D'HAUSSONVILLE, de l'Académie Française. *La correspondance de Taine.* — Gaulois, 5 mai 1904.

LUCIEN ROURE. *Hippolyte Taine.* Paris. Lethielleux. 1904.

X. MOISANT. *Deux philosophes : Hippolyte Taine et F. Ravaisson-Mollien.* La Science catholique. Décembre 1904.

PAUL LACOMBE. *Notes sur Taine. I. Le Milieu en histoire littéraire.* Revue de Synthèse historique. Décembre 1904.

— *Notes sur Taine. II. Le moment en histoire littéraire.* Revue de Synthèse historique. Février, avril, juin 1905.

— *Taine historien littéraire.* Revue de Métaphysique et de Morale. Juillet 1905.

GABRIEL HANOTAUX. *Histoire de la France contemporaine. La Présidence du Maréchal de Mac-Mahon.* Paris. Combet, p. 549, 555.

C. LECIGNE. *Taine d'après sa correspondance.* Revue de Lille. Janvier, février 1905.

LUCIEN ROURE. *Les idées politiques de Taine dans sa correspondance.* Etudes. Août 1905.

JOHANNES SCHLAF. *Kritik der Taineschen Kunsttheorie.* Akademischen Verlag in Wien und Leipzig. 1906.

PAUL LACOMBE. *La Psychologie des individus et des sociétés chez Taine historien des littératures.* Bibliothèque de Philosophie contemporaine. Paris. Alcan. 1906.

PAUL BOURGET. *Etudes et Portraits. Sociologie et Littérature.* Paris. Plon. 1906.

R. P. AT. *Taine philosophe — esthète — historien.* Collection Arthur Savaète. Paris. 1906.

A. LINDEMANN. *'H. Taine's Philosophie der Kunst.* Zeitschrift für Philosophie und Philosophische Kritik. — 1906.

E. DE MORSIER. *Taine et le socialisme.* Revue socialiste. Mars 1906.

EDOUARD ROD. *Taine et ses critiques.* Le Correspondant. 10 novembre 1906.

PAUL LACOMBE. *Comment se font les constitutions selon Taine.* Revue Politique et Parlementaire. Juillet 1907.

— *De l'esprit classique dans la Révolution Française selon Taine.* Revue de Métaphysique et de Morale. Septembre 1907.

MICHEL SALOMON. *Taine.* Paris. Bloud, 1907.

A. AULARD. *Taine historien de la Révolution française.* Paris. Colin. 1907.

VICTOR GIRAUD. *La personne et l'œuvre de Taine d'après sa correspondance.* Revue des Deux Mondes. 1er février 1908.

Comte PAUL COTTIN. *Positivisme et anarchie. Auguste Comte-Littré-Taine.* Paris. Alcan. 1908.

PAUL LACOMBE. *Les théories de Taine sur l'instinct social. L'esprit d'indépendance et de solidarité.* Revue Politique et parlementaire. Avril 1908.

ANDRÉ CHEVRILLON. *Taine. Notes et Souvenirs.* Revue de Paris. Mai 1908.

LISTE DES ABRÉVIATIONS

usitées pour désigner les ouvrages de Taine au cours de la présente étude et indication pour chacun de l'édition consultée.

Intelligence. — *De l'Intelligence.* 9ᵉ édition.
Phil. de l'Art. — *Philosophie de l'Art.* 11ᵉ édition.
Hist. Litt. Angl. — *Histoire de la littérature anglaise.* 5ᵉ édition.
Les Philosophes classiques. — *Les philosophes classiques du XIXᵉ siècle en France.* 7ᵉ édition.
La Fontaine. — *La Fontaine et ses fables.* 16ᵉ édition.
Essai sur Tite-Live. 6ᵉ édition.
Essais de Critique. — *Essais de critique et d'histoire.* 9ᵉ édition.
Nouveaux Essais de Critique. — *Nouveaux Essais de critique et d'histoire.* 7ᵉ édition.
Derniers Essais de critique. — *Derniers Essais de critique et d'histoire.* 3ᵉ édition.
Notes sur l'Angleterre. 12ᵉ édition.
Voyage en Italie. 9ᵉ édition.
Carnets de Voyage. 1897.
Voyage aux Pyrénées. 7ᵉ édition (illustrée).

Graindorge. — *Notes sur Paris: vie et opinions de Frédéric-Thomas Graindorge.* 13ᵉ édition.

Les origines. — *Les origines de la France contemporaine.* L'ancien Régime et la Révolution. 8ᵉ édition (grand format.) Le Régime Moderne. 20ᵉ édition.

Un séjour en France de 1792 à 1795. 4ᵉ édition.

Vie. — *H. Taine. Sa vie et sa correspondance.* 3ᵉ édition.

PREMIÈRE PARTIE

LES CAUSES

CHAPITRE II

LES CAUSES DERNIÈRES.
LA MÉTAPHYSIQUE.

M. Paul, dans les *Philosophes classiques*, termine son discours sur la méthode par ce tableau synthétique : « Par cette hiérarchie de nécessités, le monde forme un être unique, indivisible, dont tous les êtres sont les membres. Au suprême sommet des choses, au plus haut de l'éther lumineux et inaccessible, se prononce l'axiome éternel, et le retentissement prolongé de cette formule créatrice compose, par ses ondulations inépuisables, l'immensité de l'univers. Toute forme, tout changement, tout mouvement, toute idée est un de ses actes. Elle subsiste en toutes choses, et elle n'est bornée par aucune chose. La matière et la pensée, la planète et l'homme, les entassements de soleils et les palpitations d'un insecte, la vie et la mort, la douleur et la joie, il n'est rien qui ne l'exprime, et il n'est rien qui l'exprime tout entière... L'indifférente, l'immobile, l'éternelle, la toute-puissante, la créatrice, aucun nom ne l'épuise ; et quand se dévoile sa face sereine et sublime, il n'est point d'esprit d'homme qui ne ploie consterné d'admiration et d'horreur [1]. »

Taine écouta ce lyrisme métaphysique sans protester. Aussi bien M. Paul n'était-il qu'un autre lui-même et il ne lui répugnait pas de se laisser aller à des enthousiasmes tout pareils. Elles sont rares cependant, les pages où il aborde la métaphysique.

M. Faguet, dans son étude sur Taine [2], prétend que sa philosophie est modeste, sa science réservée, et que, pénétré du sentiment des limites de l'esprit humain, il a systématiquement banni la métaphysique du champ de sa compétence. C'est aller trop loin, selon nous. Encore que Taine n'ait pas fait d'exposé systématique d'une métaphysique, il en pose très nettement les principes dans des passages nombreux de

---

1. *Les Philosophes classiques*, pp. 370-371.
2. E. Faguet, *Politiques et Moralistes du XIX° siècle*. 3° série, pp. 243-247.

son œuvre [1]. Il en a même donné la formule : « Au delà de toutes les analyses inférieures qu'on appelle sciences, et qui ramènent les faits à quelques types et lois particulières, il peut y avoir une *analyse supérieure nommée métaphysique* qui ramènerait ces lois et ces types à quelque formule universelle [2]. »

Et en un autre endroit encore : « Si quelqu'un recueillait les trois ou quatre grandes idées où aboutissent nos sciences, et les trois ou quatre genres d'existence qui résument notre univers ; s'il comparait ces deux étranges quantités, ces principales formes ou déterminations de la quantité qu'on appelle lois physiques, les types chimiques, et les espèces vivantes, et cette merveilleuse puissance représentative qui est l'esprit, et qui, sans tomber dans la quantité, reproduit les deux autres et elle-même ; s'il découvrait entre ces trois termes : la quantité pure, la quantité déterminée et la quantité supprimée, un ordre tel que la première appelât la seconde, et la seconde la troisième ; s'il établissait ainsi que la quantité pure est le commencement néces-

---

1. Cf. *Hist. Litt. Angl.*, IV, pp. 328-330. — *Vie*, II, pp. 112-113. — *Pyrénées*, pp. 476-477. — *Voyage en Italie*, Tome II, pp. 434-436. — *Graindorge*, p. 333.
2. *Phil. classiques.* Préface, p. x.

saire de la nature, et que la pensée est le terme extrême auquel la nature est tout entière suspendue ; si ensuite, isolant les éléments de ces données, il montrait qu'ils doivent se combiner comme ils sont combinés et non autrement ; s'il prouvait enfin qu'il n'y a point d'autres éléments et qu'il ne peut y en avoir d'autres, *il aurait esquissé une métaphysique*, et touché la source sans être obligé de descendre jusqu'au terme de tous les ruisseaux [1]. »

Pour Taine, la métaphysique est donc la recherche des premières causes, c'est-à-dire des lois générales qui, en vertu de leur généralité même, dominent toutes les sciences et ne sont touchées par aucune science particulière : la recherche de ces lois, et ultérieurement de la loi universelle unique dont elles sont les dérivées immédiates, est l'objet propre de la métaphysique.

Taine ne s'est jamais livré à la recherche de ces lois primordiales et, dans ce sens, il semble qu'on puisse dire qu'il n'a pas une métaphysique. Mais en affirmant que la métaphysique est possible [2], loin de la bannir du champ du sa-

---

1. *Hist. Litt. Angl.*, V, pp. 415-416
2. *Hist. Litt. Angl.*, T. V, p. 415. « La métaphysique, j'entends la recherche des premières causes, *est possible.* »

voir humain, il lui réservait une place dans son système. D'ailleurs il ne s'est pas contenté d'affirmer la possibilité d'une métaphysique, il en a lui-même tracé les grandes lignes. La question de savoir s'il n'existe qu'un seul être ou plusieurs êtres, est manifestement un problème de métaphysique. Or, à cette question, Taine a répondu, et très catégoriquement.

Selon lui, il n'existe qu'un seul être, la Nature ; tous les êtres en sont les membres, leurs actions en sont la vie : la pluralité des choses n'est qu'apparente, elles sont un aspect particulier, individualisé du Tout infini et parfait. En dehors de celui-ci, rien n'existe, et tout ce qui existe est une de ses parties, un de ses attributs ou un de ses actes [1].

La Nature est donc l'Etre absolu et nécessaire, trouvant en lui-même, dans son essence, la raison de son existence, partant de sa manifestation ; car il est manifesté à raison même de sa nature : « l'absolu est à la fois essence et manifestation et fait que l'un ne peut pas aller sans l'autre [2]. »

1. *Vie*, I, p. 349.
Vie, II, p. 258. « Je me suis tout à fait séparé de Comte qui nie la possibilité de la métaphysique. »
De l'Intelligence, Tome II, p. 162.
2. *Vie*, I, p. 117.

Aussi les choses sont-elles divines, « la Nature est Dieu, le vrai Dieu, parce qu'elle est parfaitement belle, éternellement vivante, absolument une et nécessaire...... *elle est le Tout infini et parfait* [1]. »

On ne pouvait faire profession plus nette de panthéisme. Et ce n'est pas seulement chez Taine une sorte de foi irraisonnée et vague, c'est une conviction profonde, inébranlable, appuyée sur des raisonnements et des syllogismes. « Ce Dieu dont l'existence me semble *mathématiquement démontrée*, n'est point ce tyran absurde et cruel que les religions nous enseignent et que le vulgaire adore », mais ce Dieu dans la nature duquel nous trouverons la raison de tout ce qui est, dont la connaissance s'identifiera pour nous avec la connaissance du beau, du bien, du vrai, et nous permettra de « prouver qu'il y a pour l'homme une règle de conduite, un but immuable pour l'artiste, une certitude absolue pour le savant [2]. »

Taine a donné lui-même la démonstration « mathématique » de ce panthéisme :

« Il n'y a que trois possibilités : 1° qu'il n'existe rien ; 2° qu'il existe un être ou des êtres

---

1. *Vie*, I, pp. 150-151.
2. *Vie*, I, p. 30.

imparfaits ; 3° qu'il existe un être ayant la plénitude de l'Etre. Car plusieurs êtres ayant la plénitude de l'Etre sont impossibles puisqu'ils se limitent. La première hypothèse est, dans ses termes mêmes, absurde, car l'existence du néant est contradictoire. Le rien est incompréhensible. C'est dire que le non-être est, que ce qui n'existe pas, existe.

« La seconde hypothèse est aussi absurde. Si l'être existant est imparfait, ou manque d'une partie de l'Etre, on peut en concevoir un autre à la place ayant plus ou moins d'être ; il y aura donc un être possible à la place de celui qui est actuellement. Il n'y aura donc pas de raison pour que celui qui existe, existe plutôt que cet autre, puisque tous les deux sont également possibles. L'être existant n'aura donc pas de raison d'être, il sera donc sans cause, ce qui est absurde ; car tout a sa raison d'être, soit en soi, soit hors de soi.

« Donc la troisième hypothèse existe nécessairement, et la raison d'être de Dieu est l'impossibilité de toute autre existence [1]. »

Il n'existe donc qu'un seul être, ayant la plénitude de l'Etre. Et, comme d'autre part, « l'ab-

---

1. *Vie*, I, p. 31.

solu est à la fois essence et manifestation [1] », ce Dieu se manifeste nécessairement.

Cette manifestation revêt deux formes, selon qu'elle s'opère par un acte immédiat et par un acte progressif. La première manifestation, c'est Dieu ou l'Etre manifesté immédiatement; la seconde manifestation, c'est le monde ou l'Etre manifesté progressivement, c'est-à-dire passant « par une série infinie d'actes finis et progressifs pour arriver à un acte adéquat, c'est-à-dire qui exprime complètement son essence [2] ». La cause du monde n'est pas Dieu, mais l'Etre considéré comme ayant produit Dieu par sa manifestation immédiate. Sa manifestation progressive constitue l'évolution du monde, laquelle s'opère selon une loi fixe et immuable, développée en lois subordonnées de moins en moins générales.

Taine avait vingt ans lorsqu'il posait avec tant d'assurance les bases de cette métaphysique panthéiste. Mais quand, plus tard, en pleine maturité d'intelligence, après de longues années de travaux et d'expériences, il condense dans la préface de l'*Intelligence*, les théories qu'il s'était attaché à défendre, la même conviction

1. *Vie*, I, p. 117.
2. *Vie*, I, pp. 349-350-351.

subsiste, la même conception de l'unité foncière des êtres. Et ici, ce sont des notions plus explicites qu'il en donne ; il nous renseigne sur la nature de ce dieu dont il proclame la puissance infinie et universelle. L'Etre absolu est une *loi*, « l'axiome éternel » du philosophe Paul. — Cette loi, considérée simplement comme existante, nous l'appelons Dieu, la Nature ; considérée dans son exercice, dans son développement en lois subordonnées, dans son « retentissement prolongé et ses ondulations inépuisables », nous l'appelons le monde, les êtres qui périssent et les événements qui passent. La Nature est « une pure loi abstraite qui, se développant en lois subordonnées, aboutit sur tous les points de l'étendue et de la durée à l'éclosion incessante des individus et au flux inépuisable des événements [1] ».

Rien n'existe donc qu'une loi, partout présente, partout agissante. A ce titre, et dans son développement en lois subordonnées, on l'appelle *cause* des êtres ; elle est située, non pas dans une sphère inaccessible et lointaine, mais dans les êtres et les faits eux-mêmes, de sorte que chaque être, chaque événement, manifeste

1. *De l'Intelligence.* **Préface, p. 10.**

la loi primitive et universelle qui gouverne le monde [1].

Le but de toute science est la recherche de ces lois, et, par delà les lois particulières, de la loi unique dont elles sont les subordonnées. Chaque être manifestant un certain ordre de lois, la connaissance de cet être ne peut être que la connaissance de ces lois. A chaque science ressortit comme objet propre la recherche d'un groupe de lois ; à la métaphysique ressortit la recherche des premières lois, et de la loi unique dont elles dérivent.

Nous disions plus haut que Taine, pour avoir indiqué les grandes lignes d'une métaphysique, n'en avait pas moins négligé les recherches qui en sont l'objet. C'est qu'aussi bien ces recherches, dans l'état actuel de la science, sont prématurées sinon vaines. Viendra-t-il le jour où l'intelligence humaine pourra atteindre ces sommets élevés, où la vue synthétique du monde lui donnera le pourquoi de toute chose ? Taine voulait l'espérer :

« Très probablement, la nouvelle loi mécanique sur la conservation de la force est une

---

[1]. *Phil. classiques*, Préface, p. VIII. « La cause d'un fait est la loi d'où il se déduit. »
Vie, II, p. 257.

dérivée peu distante de cette loi suprême......
On saisit là quelque chose d'éternel ; le fond immuable des êtres est atteint ; on a touché la substance permanente. Nous ne la touchons que du doigt ; mais il n'est pas défendu d'espérer qu'un jour nous pourrons étendre la main... [1] »

Nous voilà loin, de la « science réservée », de la « philosophie modeste », que M. Faguet attribuait à Taine. Il y a ici, incontestablement les grandes lignes d'une métaphysique ; on en aperçoit très clairement le schéma. Il n'existe qu'un seul être, la Nature, dont l'essence et la manifestation sont une seule et même chose, existant nécessairement parce qu'il est absolu.

La manifestation immédiate de l'être absolu, nous l'appelons Dieu ; le monde en est la manifestation progressive : celle-ci constitue donc l'évolution du monde. Cette évolution obéit dans son devenir à une loi universelle qui meut tout, soit par elle-même, soit par les dérivées plus ou moins lointaines. Ces lois sont des causes incluses dans les êtres et dans les événements qu'elles font surgir : le monde physique que nos sens perçoivent, n'en est que l'expression

---

1. *De l'Intelligence*, Préface, pp. 10 et 11.

sensible et à ce titre il n'est qu'une « apparence [1] ». Les lois qui président à l'évolution du monde, seules sont réelles, seules existent ; l'aspect particulier sous lequel elles nous apparaissent, dans l'individualité des êtres qui nous entourent et des phénomènes concrets que nous constatons, est l'œuvre de notre perception sensible ; nous les saisissons dans ces données par un travail d'abstraction [2].

L'essence de toute chose est donc une série de lois superposées. Voici sur mon bureau un timbre électrique que je presse du doigt : la résistance que j'éprouve, la rigidité, la sonorité, la couleur que mes sens perçoivent, la chose avec tous ses caractères qualitatifs et quantitatifs, ne sont que l'aspect particulier sous lequel j'aperçois les diverses lois de l'acoustique, de l'optique, de la pesanteur et de l'élasticité des corps, et, d'une façon moins apparente, les lois de la conservation de la masse et de l'énergie, la loi de la gravitation universelle, et enfin, sans la connaître, la loi suprême dont toutes celles-ci ne sont que des dérivées subordonnées et le développement prolongé [3].

1. *Vie*, II, p. 314. « Le monde physique n'est qu'une apparence produite par le jeu de notre perception extérieure. »
2. *Ibid.*, pp. 257-258.
3. *Philosophes classiques*, pp. 368-369.

Les sens et la perception extérieure répugnent à ôter aux choses l'existence réelle ? Mais il en est « de même pour l'hypothèse de Copernic ; les sens et la perception extérieure appuient le préjugé de la terre immobile et du soleil en mouvement [1] ».

C'est hardi, c'est téméraire, c'est indémontrable ? Par l'expérience, peut-être ; mais il ne s'agit pas ici d'atteindre la chose en soi — qui en soi est inaccessible, — mais la chose par rapport à l'esprit, aux exigences de l'esprit. Or, « par beaucoup de grands exemples, par toutes les sciences faites ou en train de se faire, il est prouvé que la nature, au moins dans la portion d'elle que nous avons sondée, est construite conformément à cette exigence de l'esprit. L'entreprise en question n'est donc pas absurde, ni même très téméraire ; elle est surtout une recherche de psychologie, une étude de ce que doit être la nature pour satisfaire à notre besoin d'explication, et par suite, *de ce que très probablement elle est en fait*, puisqu'en fait, au moins en beaucoup de cas, elle y satisfait [2] ».

---

1. *Sur les éléments derniers des choses.* Notes philosophiques de Taine, publiées en appendice à l'ouvrage de Barzellotti. *La Philosophie de H. Taine*, p. 410.
2. *Ibid.*, p. 419.

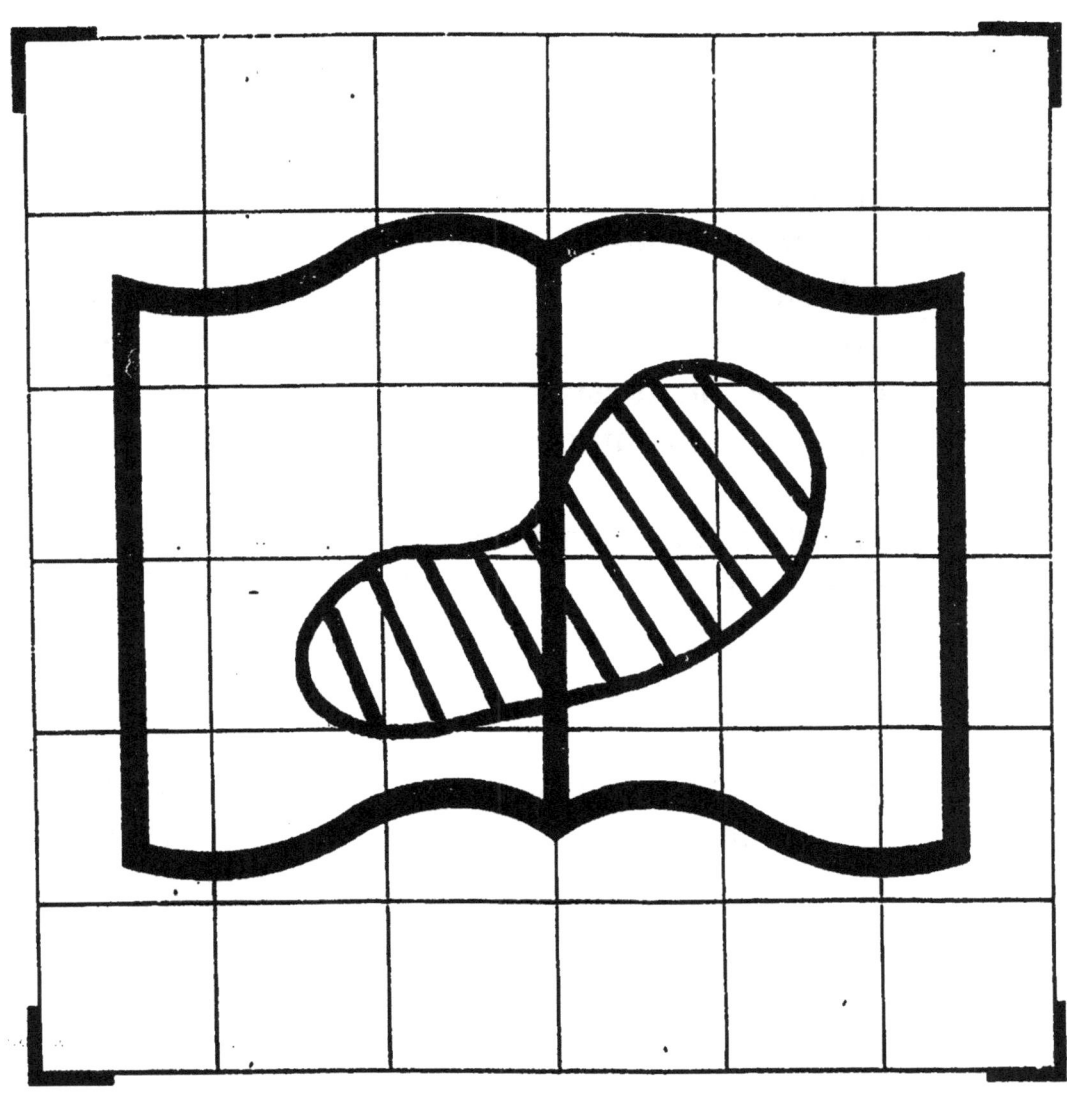

C'est donc aux exigences de l'esprit qu'il faut s'en rapporter ; elles nous renseignent sur ce qui est : il n'existe que des choses générales, des lois, lesquelles nous apparaissent comme des choses particulières ; bien plus, il n'existe qu'une pure loi abstraite, qui se manifeste immédiatement, dans son existence même, et progressivement, dans son exercice. Considérée dans sa manifestation immédiate, Taine l'appelle la « quantité pure » ; dans sa manifestation progressive qui constitue le monde et son évolution incessante, il l'appelle la « quantité déterminée » et la « quantité supprimée [1] ».

Lorsqu'on désigne par le mot *substance*, la loi suprême, on l'envisage dans sa nature même, et, dire que la substance est « constituée par une infinité d'attributs [2] », c'est dire que la nature de cette loi est constituée par la série infinie de ses actes finis. Les attributs de la substance ne sont, en effet, que le résultat du jeu des lois divines [3] ; l'être absolu, nécessaire, éternel, le Tout infini et parfait, c'est donc une loi, que nous appelons *Dieu*, lorsque nous la considérons simplement comme existante, dans

---

1. *Hist. Litt. Angl.*, V, p. 415.
2. *Vie*, I, p. 349.
3. *Ibid.*, p. 350. « La pensée est un attribut de la substance. »

Pine et Berkeley.

la manifestation immédiate de son essence ; que nous appelons *le monde*, lorsque nous la considérons dans son exercice, dans la manifestation progressive de son essence. La matière sensible, c'est l'enveloppe dont nos sens entourent, dans leurs perceptions, les lois agissantes et qui fait que les choses nous apparaissent comme particulières [1]. Transportant notre façon de percevoir les choses dans le domaine de la métaphysique pure, nous disons que la loi suprême considérée complètement comme existante, c'est « la matière indéterminée et diffuse [2] » ou la quantité pure », et que la loi suprême considérée dans son exercice, c'est « la matière individualisée et séparée », ou la « quantité déterminée » et la « quantité supprimée », c'est-à-dire les types chimiques, les espèces vivantes et l'esprit [3].

« Le mouvement de la nature consiste à quitter son indétermination, ce qu'elle opère par des séparations, des oppositions, des limitations réciproques, et à supprimer ces limitations par un Etre à la fois universel et indivi-

---

1. *Vie*, II, p. 257.
2. *Vie*, I, p. 193.
3. *Hist. Litt. Angl.*, T. V, p. 415.

duel qui ait l'unité du premier moment et la détermination du second [1]. »

Nous avons vu que l'individualisation des êtres matériels est produite par le jeu de notre perception extérieure qui nous fait percevoir comme des événements particuliers et des êtres individuels, l'exercice des lois générales ; mais grâce à l'abstraction, nous parvenons par la pensée, qui a pour objet le Tout infini, à rétablir l'unité de toute la nature, de sorte que « la nature du moi est d'individualiser l'universel, et d'universaliser l'individuel [2] ». Nous pouvons donc, par la pensée, nous élever jusqu'à ces hauteurs sublimes où nous voyons la vie universelle descendre de sa source en flots inépuisables et féconds. Parvenu à ces sommets, l'esprit humain ploie, « consterné d'admiration et d'horreur ». Et ce qui n'était chez lui que science, devient religion. — Le panthéisme inspire des hymnes triomphants en même temps que des théories abstraites.

« Le cœur de l'homme n'est point content s'il ne sent la puissance infinie par un attachement intime ; et il n'a que deux voies pour arriver à la sentir. Il faut qu'il l'aperçoive à la

---

1. *Vie*, I, p. 196 et *Philosophie de l'Art*, I, p. 13.
2. *Vie*, I, pp. 152 et 196.

façon des solitaires et des vrais chrétiens, au dedans de lui-même, dans les secrets mouvements de son être... Ou bien encore il faut qu'il soit païen s'il n'est mystique ; il faut que la religion lui montre Dieu dans la nature, si elle ne le lui montre pas dans l'âme... Aujourd'hui dans cet abatis universel des dogmes, parmi l'encombrement des idées entassées par la philosophie, l'histoire et les sciences, parmi les désirs excessifs et les dégoûts prématurés, la paix ne nous revient que par le sentiment des choses divines. Ce grand cœur malheureux de l'homme moderne, tourmenté par le besoin et l'impuissance d'adorer, ne trouve la beauté parfaite et consolante que dans la nature infinie... ; il tend les bras vers elle, et sa vieille âme endolorie par tant d'efforts et d'expériences reprend la santé et le courage par l'attouchement de la mère qui l'a porté [1]. »

Mais dans cette religion de la nature, la Foi n'est pas aveugle, l'adoration n'est pas mystique ; son prélude nécessaire est la science qui seule peut apprendre à l'homme ses dogmes et ses dieux. Aussi, « rien d'inquiet ni d'exalté » dans le culte de la Nature ; « tout y est naturel,

---

1. *La Fontaine et ses Fables*, pp. 215-216-217.

et tout y est sain ; si l'on veut savoir en quoi consiste le vrai sentiment religieux, c'est ici qu'il faut venir ; il n'est pas une extase, mais une clairvoyance ; ce qui le fonde, c'est le don de voir les choses en grand et en bien ; c'est la divination délicate qui, à travers le tumulte des événements et les formes palpables des objets, saisit les *puissances génératrices et les lois invisibles ;* c'est la faculté de comprendre les dieux intérieurs qui vivent dans les choses, et dont les choses ne sont que les dehors. Un pareil sentiment n'oppose point les dieux à la nature, il les laisse en elle... Météores lumineux, forces fatales, volontés bienfaisantes, ils flottent d'un aspect à l'autre, selon les aspects changeants de la nature, et la pensée harmonieuse qui unit leurs divers moments *en un seul être,* est seule capable de réfléter l'harmonieuse diversité de l'univers [1]. »

Ce qui a longtemps donné le change, à propos de la métaphysique de Taine, c'est le caractère positiviste de sa doctrine. — Il n'est pas contestable, en effet, que toujours et partout,

---

1. *Derniers Essais.* — *Sainte Odile et Iphigénie en Tauride,* pp. 89-91.

Taine ait entendu ne se rendre qu'aux données de l'expérience : nul plus que lui n'a eu ce qu'on pourrait appeler le fanatisme du *fait*. En psychologie, en histoire, dans sa Critique, dans sa philosophie des Arts, dans ses études sociologiques, il s'en rapporte toujours aux faits. Sa méthode est uniquement expérimentale. Mais ce que son positivisme a de particulier, c'est l'extension qu'il y a donnée, au champ de l'expérimentation. — L'expérience l'a conduit à la métaphysique ; c'est dans les faits eux-mêmes qu'il a voulu trouver le dernier pourquoi des choses, et le dernier mot sur la constitution de l'univers, c'est finalement, des sciences expérimentales qu'il l'attend. C'est à elles, en effet, qu'il revient de démontrer un jour que toutes les lois qui constituent les êtres se ramènent à une loi unique, seule existante sous l'apparent chaos des événements et des choses. Taine a donc prétendu allier le positivisme à la métaphysique, réduire l'apparente antinomie qu'il y avait dans la prétention d'établir une *métaphysique positiviste*.

Cette tentative a-t-elle réussi ?

Nous avons vu qu'il s'est essayé à démontrer de deux manières le bien fondé des principes qu'il a posés : par une démonstration *logique* du monisme panthéistique, et par une démonstration *psychologique* de sa conception de l'univers, tirée de la conformité expérimentale des idées aux choses.

Que vaut son argumentation basée sur la considération des « trois possibilités » ?

Remarquons tout d'abord, quant à la première possibilité, que Taine pose mal les termes de son argument de réfutation : ou bien rien n'existe, dit-il, ou bien il existe quelque chose ; or, l'existence du néant est contradictoire ; donc il existe nécessairement quelque chose.

Il est évidemment absurde et contradictoire d'affirmer que le néant existe, que le non-être est ; mais affirmer que rien n'existe n'équivaut pas à affirmer l'existence du néant.

S'il existe nécessairement quelque chose, c'est parce qu'il y a un être nécessaire, de nécessité *intrinsèque*, qui est à lui-même la raison de son existence. Taine n'a eu égard qu'à la nécessité *extrinsèque* d'un être, dérivant de l'impossibilité du néant absolu. Cette impossibilité est-elle réelle ? On ne peut en tous cas prétendre l'établir par un jeu de mots.

Reste la sous-disjonction des deux autres possibilités : ce quelque chose existant nécessairement est, ou bien un ou des êtres imparfaits, ou bien un être parfait ayant la plénitude de l'être. — Or, si l'être existant est imparfait, ou manque d'une partie de l'être, il n'aura pas de raison d'exister ; cependant tout a sa raison d'être ; donc ce qui existe nécessairement ne peut être qu'un être ayant la plénitude de l'Etre dont la raison est l'impossibilité de toute autre existence.

Il ressort de cette argumentation que lorsque Taine parle de la plénitude de l'être, il entend le mot *être* dans un sens *quantitatif*, c'est-à-dire qu'il suppose un quantum d'être existant nécessairement au delà duquel est le néant. Or, nous disons que *de fait*, Taine a cette conception ; ensuite, que s'il ne l'avait pas, la disjonction posée ne serait pas complète.

En effet, si deux êtres ayant la plénitude de l'Etre sont simultanément impossibles, parce que leur limitation réciproque empêcherait en chacun d'eux la possession de la plénitude de l'Etre, c'est que l'être nécessaire visé est un certain quantum que deux êtres ne peuvent posséder pleinement, chacun pour le tout. C'est tellement vrai, que, d'après l'hypothèse de Taine, des parties peuvent y être distinguées et qu'un être peut être dit imparfait par le motif qu'il manque d'une partie de l'Etre. Au surplus, il n'est concevable qu'un être puisse *avoir* plus ou moins d'être que s'il est considéré quantitativement. S'il s'agissait de l'être au sens métaphysique de l'*esse*, ce plus ou moins n'aurait pas de sens ; nous le ferons voir plus loin. On ne pourrait concevoir un être qui *serait* plus ou moins que ses voisins. Comme eux il est, ou il n'est pas : il n'y a pas de milieu [1].

Bien plus, la disjonction posée serait incomplète s'il s'agissait de l'être au sens de l' «*esse* » métaphysique ; à ces deux membres de la disjonction : ce qui existe nécessairement est un être imparfait, ou un être parfait, — il faudrait ajouter ce troisième membre : il existe un être parfait et des êtres imparfaits.

Cette dernière hypothèse, Taine n'a pu l'envisager, précisément parce qu'il prenait le mot « être » dans un sens quantitatif. Il ne pouvait concevoir la possibilité de l'existence d'un être imparfait en dehors et à côté de l'être parfait, parce que le premier, accaparant une partie de l'être, eût fait obstacle chez le second à la plénitude de l'Etre : il n'y aurait plus eu, dès lors, en présence que des êtres imparfaits. De

---

1. Il faut écarter le point de vue de la perfection des êtres. A ce point de vue, il peut y avoir du plus ou du moins, non à celui de l' « esse » métaphysique.

même que plusieurs êtres parfaits ne peuvent coexister parce qu'ils se limiteraient mutuellement dans leur quantité d'être, de même un être parfait et des êtres imparfaits ne peuvent coexister pour la même raison. On serait donc retombé nécessairement dans une des deux hypothèses de la disjonction posée.

Il n'en irait pas de même si nous prenions le mot « être » au sens métaphysique de *esse*; alors la coexistence d'un être parfait et d'êtres imparfaits est concevable. La plénitude de l'Etre dans l'être parfait n'empêche pas l'existence d'êtres imparfaits, parce que la notion d'être relativement à l'un et aux autres n'est pas univoque, mais analogue.

L'être de l'être parfait est l'être absolu ; c'est la plénitude d'Etre intrinsèque et nécessaire, de l'être qui est à lui-même la raison de son existence ; au contraire, l'être des êtres imparfaits est l'être dérivé. — Dès lors, puisque l'être de l'être parfait et l'être des êtres imparfaits sont de deux ordres différents, ils ne pourraient se limiter, comme ils ne pourraient se connumérer. Leur coexistence doit donc être conçue comme possible [1].

---

1. Cf. Franzelin, *Tractatus de Deo uno secundam naturam*, pp. 283-284.

Tiberghien dans son *Essai théorique et historique sur la gé-*

— 60 —

Le sens quantitatif dans lequel Taine a pris le mot « être » l'a empêché, comme nous l'avons dit, d'envisager cette hypothèse.

A reprendre maintenant ce sens quantitatif, quelle est la valeur de son argumentation ?

Elle est nulle, semble-t-il. Et en effet, l'élimination d'un membre d'une disjonction complète ne permet de conclure à la vérité de l'autre membre, que si cette élimination est efficace. Or, l'élimination du premier membre de la disjonction posée par Taine n'est pas efficace. Le principe de la raison suffisante lui permet d'écarter l'hypothèse qu'il existerait seulement des êtres *imparfaits* ne possédant pas la plénitude de l'être quantitatif. Mais ce principe écarte-t-il l'hypothèse de l'existence de plusieurs êtres imparfaits réalisant *ensemble*, par leur somme, la perfection ou la plénitude de l'Etre ? Evidemment non. D'autre part, cette dernière hypothèse n'est-elle pas comprise dans l'hypothèse prévue par le second membre alternatif, à savoir celle de l'existence d'*un* être parfait ? Il importe de s'en assurer parce que,

nération des connaissances humaines, pp. 110-111 et pp. 738-739, reprenant les idées de Krause, conclut aussi à l'existence d'un Etre unique ; mais il prétend sauvegarder l'individualité des êtres, en particulier de la raison humaine qui est « l'individualisation de l'infini » et la « personnification de l'absolu ».

si elle y était, en effet, comprise, l'élimination du premier membre de la disjonction se trouverait efficace. Mais alors, répondrons-nous, la vérité du second membre ne consisterait pas dans l'existence d'*un* être parfait, excluant la possibilité de toute autre existence. Or, c'est ce que Taine prétend établir dans sa conclusion. Dès lors celle-ci n'est pas recevable, puisqu'elle repose sur une élimination inefficace du premier membre de la disjonction.

Et que l'on ne dise pas que, dans l'hypothèse de la réalisation de la plénitude de l'être par une collection d'êtres imparfaits, la *façon* dont celle-ci se trouverait réalisée, serait sans cause, sans raison d'être, puisqu'un nombre indéfini de combinaisons est possible au même titre que celle qui se trouverait réalisée : car l'objection vaudrait tout aussi bien contre l'hypothèse de la réalisation de la perfection de l'être par un seul être. Que le quantum de l'être total soit fini, sa réalisation par 4, par exemple, est possible au même titre que sa réalisation par 1. Car la réalisation *supposée faite*, celle qui s'est opérée par 4, trouve sa raison d'être en ce que chacun des quatre êtres subit une limitation réciproque de la part des trois autres, comme la réalisation opérée par un être trouve sa raison d'être dans l'absence de limitation de la part d'autres êtres. La question de l'*origine* d'une réalisation telle ou telle reste ouverte dans les deux cas. Il en est de même si le quantum de l'être total est supposé infini ; une infinité d'êtres pourrait le réaliser tout comme un être unique. Dès lors toute combinaison se trouverait sans cause, à moins qu'on établît l'impossibilité de toutes les réalisations, sauf une, d'où résulterait pour celle-ci la nécessité extrinsèque de son existence. C'est ce que Taine n'a pas établi et dès lors il n'était pas fondé à conclure à la nécessité extrinsèque de l'existence d'*un* être parfait, dérivant de l'impossibilité de toute autre existence.

Résumons-nous : l'argumentation sur laquelle Taine base son panthéisme n'a de valeur logique que si l'on prend le mot « être » dans un sens quantitatif. Taine montre d'ailleurs clairement qu'il entendait ce mot de cette façon. — Or, même à reprendre cette conception, l'argumentation est dénuée de force probante, car sa conclusion repose sur une double élimination disjonctive qui se trouve être inefficace.

D'ailleurs, ces défauts de logique mis à part, Taine aurait encore dû établir que le mot « être » doit être pris dans un sens quantitatif, pour garder à son argumentation une valeur absolue et pour pouvoir conclure ensuite à la vérité du panthéisme.

Cette longue discussion s'imposait, car l'argumentation que nous venons d'analyser est la seule que Taine ait jamais avancée pour démontrer son panthéisme. D'autre part, on ne peut oublier qu'il l'esquissait en 1848, dans l'enthousiasme de ses vingt ans. Il semble donc qu'il soit de mauvaise critique d'y attacher une importance que son auteur ne lui a peut-être lui-même pas attribuée. Mais outre que, dans ce cas, il aurait fallu conclure qu'il y avait là une théorie indémontrée, il y avait à faire voir aussi que cette théorie était indémontrable. On ne prouve pas, en effet, le panthéisme : nos moyens de preuve, qu'ils soient d'ordre logique ou d'ordre expérimental, seront toujours impuissants à atteindre *en lui-même, dans sa nature*, un être qui, par définition, échappe à leurs prises : par voie de composition et d'analogie, l'intelligence humaine peut concevoir un être supérieur au monde, éternel et immuable, créateur et source de toute chose. Elle peut prouver son existence, mais la conception qu'elle aura de sa nature sera négative et analogique, tant qu'elle restera cantonnée dans l'ordre naturel. Les panthéistes naturalistes comme Taine, — et c'est là le vice de leur doctrine, — veulent établir l'existence d'un Etre unique et parfait, par des preuves basées sur la connaissance directe et positive de sa nature. Leurs prétentions sont donc contradictoires : le Tout parfait et infini serait objet de connaissance et d'expérience et tout à la fois en dehors des prises de l'intelligence et au delà des limites de l'expérience.

On peut critiquer d'une autre façon, extrinsèquement, l'argumentation de Taine : on peut lui reprocher d'être très peu « positiviste ». Prétendant arriver à la métaphysique par l'expérience, il eût été logique de procéder par voie de preuves expérimentales ; un échafaudage de syllogismes ne s'adapte guère à la structure d'un système positiviste. Dans des notes philosophiques, écrites vers la fin de sa vie, Taine esquissa une preuve de son panthéisme qui eût été parfaitement conforme à la conception de sa métaphysique : il s'efforce d'établir une simplification expérimentale des lois physiques par la constitution d'une hiérarchie de lois, dont chaque degré se ramènerait au degré précédent [1]. La preuve eût été complète, s'il avait

1. Cf. *Sur les éléments derniers des choses*, pp. 108 à 112. — G. Barzellotti, op. cit., appendice.

pu démontrer *expérimentalement* que toutes les lois se ramènent à une loi unique, cause de tous les phénomènes et source de tous les êtres. — Il eût alors vraiment fait œuvre de positiviste.

Il l'a fait d'autre part dans la preuve qu'il s'est efforcé d'établir, du bien fondé de sa conception de la métaphysique. D'après lui, les sciences constituées ou en train de se constituer, nous font voir que les exigences de l'esprit humain se trouvent satisfaites par le résultat des expériences auxquelles nous soumettons la nature. — En fait, les choses que nous connaissons sont conformes à ce que, logiquement, nous exigeons d'elles. Dès lors, il ne serait pas téméraire d'affirmer que les choses que nous ne connaissons pas, sont, elles aussi, conformes aux exigences de notre esprit.

Cette conséquence est-elle juste, et ces prémisses sont-elles fondées ?

Il semble qu'il ait fallu perdre de vue les données de l'histoire, pour affirmer cette infaillibilité des exigences de l'esprit humain. L'histoire de la Philosophie n'est-elle pas, en effet, pour une bonne part, l'histoire de la caducité des systèmes élaborés par l'intelligence humaine ? Qu'est-ce à dire sinon que cette intelligence, livrée à elle-même, a affirmé successivement les exigences les plus contradictoires, les abandonnant tour à tour et y revenant sans parvenir à trouver la stabilité de la certitude dans la contemplation de la vérité ? A vrai dire, Taine ne prétend attacher qu'une valeur probable, à la réalité du système dicté par les exigences de l'esprit. Mais la témérité de cette proclamation de l'infaillibilité mitigée de l'intelligence, n'est pas beaucoup moindre, eu égard à ces données de l'histoire de la Philosophie ; et il semble bien plutôt, que celle-ci dût nous amener à une conclusion toute opposée, à une défiance assurément justifiée des exigences purement logiques de l'esprit. En tous cas cette « entreprise de psychologie » que Taine défend, réduirait les sciences à un rôle secondaire, simplement confirmatif, et l'on peut s'étonner de voir un dévot de l'expérience, un prosélyte de l'omnipotence de la science, comme Taine l'a été, donner dans un idéalisme aussi absolu. D'ailleurs il est une conséquence de cette doctrine, qu'il aurait lui-même condamnée. L'aboutissant logique de cette thèse, c'est le subjectivisme. Qui pourrait, en effet, en dehors des résultats des recherches expérimentales, indiquer un criterium objectif de la valeur de nos exigences intellectuelles ? Chaque système ne pourrait-il pas prétendre être seul à y satisfaire ? Bien plus, chaque esprit ne pourrait-il pas se réclamer d'exigences, pour lui prétendûment irréductibles ? Or, Taine a entendu prendre nettement position, dans le problème critériologique, contre le subjectivisme.

Cette argumentation nouvelle semble donc un hors-d'œuvre dans sa philosophie. Faut-il y attacher une très grande importance ? Les notes dont elle est extraite sont de 1892. Taine les écrivait donc au moment où il touchait presque au terme de son grand travail historique sur *les Origines de la France contemporaine*. Les moments qu'il accordait aux recherches de philosophie pure étaient rares. M. Barzellotti, qui a publié ces notes en appendice à son ouvrage sur Taine, soupçonne qu'elles étaient destinées à paraître dans une nouvelle édition de l'*Intelligence* [1]. Peut-être, en ce cas, n'y aurait-il pas laissé subsister les affirmations téméraires, étonnantes sous sa plume, que nous combattons.

Mais alors que resterait-il de sa métaphysique ? Beaucoup d'affirmations, sans preuve. Elle

---

1. Barzellotti, *op cit.*, p. 407, note.

apparaîtrait comme une vue synthétique, hasardée par un philosophe épris d'idées générales, qui estimait que, « sans une philosophie, le savant n'est qu'un manœuvre et l'artiste qu'un amuseur [1] ». Au delà des horizons bornés des connaissances scientifiques, il éprouvait un besoin irrésistible d'élargir la vue, de monter jusqu'au suprême sommet des choses pour y toucher du doigt la substance éternelle et permanente, dont descendent « les séries des choses... selon des nécessités indestructibles, reliées par les divins anneaux de sa chaîne d'or [2] ».

Il n'est pas de recherches scientifiques où il ne trouve un prétexte à ces échappées hardies. On peut même affirmer que celles-ci sont le but de celles-là. — « Essais de critique, travaux d'histoire, livres de fantaisie, tout a servi une passion dominatrice : la philosophie. M. Taine n'a jamais été... qu'un philosophe [3] ».

Cette passion dominatrice l'a poussé jusque dans la métaphysique. Nous nous sommes efforcé de coordonner les principes que ses rares excursions dans ce domaine lointain l'ont amené

1. *Nouveaux Essais*, Balzac, p. 80.
2. *Les Philosophes classiques*, p. 371.
3. P. Bourget, *Essais de psychologie contemporaine*, H. Taine, p. 185.

à poser. Nous estimons qu'il y a de bonnes raisons pour rejeter les essais de preuve qu'il en a esquissés, et nous penserons des principes de sa métaphysique, ce que lui-même en pensait, lorsqu'il écrivait, avec la sincérité et la probité intellectuelles qui sont tout au moins l'excuse des témérités de cette vaste intelligence, que « dans ces sortes de spéculations, il y a toujours une part notable de conjecture... La pure spéculation philosophique... est une contemplation de voyageur, que l'on s'accorde pour quelques minutes lorsqu'on atteint un lieu élevé. Ce qui compose véritablement une science, ce sont des travaux de pionnier [1] ».

1. *De l'Intelligence*, Préface, p. 13.

CHAPITRE III

LES CAUSES SUBORDONNÉES.
LE MONDE.

La nature est une série de lois, une «hiérarchie de nécessités». La loi unique et universelle qui est la nature elle-même, se développe en lois subordonnées ; elle est la cause première, ces lois sont les causes dérivées. — Les modalités de son exercice ou de son action sont nombreuses ; elles constituent des ordres, des domaines où cette action se poursuit par l'intermédiaire des facultés qui canalisent sa puissance jusqu'à l'éclosion des événements et des choses. Les sciences se partagent l'étude de ces différents domaines et se coordonnent dans un ordre de généralité décroissante selon l'ordre naturel lui-même.

Le domaine le plus vaste est celui du monde

physique : les lois qui s'y déploient sont l'objet de la cosmologie.

A se rappeler cette affirmation de Taine, citée plus haut : « Le monde physique n'est qu'une apparence », on serait tenté de croire qu'il n'a pas entendu réserver une place à la cosmologie dans son système philosophique. Et, en effet, pareille étiquette ne se rencontre jamais sous sa plume. Mais comment désigner autrement l'ensemble des principes — assez rares, il est vrai — qu'il a émis en cette matière ? Car il faut bien avoir égard à ce que l'apparence du monde physique n'est pas absolue : il n'y a d'apparent que les formes dans lesquelles nous le saisissons ; *telle qu'elle nous apparaît*, la matière sensible est un fantôme, mais il reste que les lois qu'elle manifeste sont réelles et objectives. Notre perception extérieure crée un monde de phénomènes dans lequel nous nous débattons, mais il nous est loisible de nous en dégager par un travail de réflexion et d'abstraction, qui nous fera saisir par delà ces phénomènes la hiérarchie des lois.

« Il n'y a rien de réel dans les corps que leurs mouvements [1] », c'est-à-dire le jeu de ces

---

1. *De l'Intelligence*, Préface, p. 8.

lois que notre perception sensible nous fait saisir comme des êtres particuliers et des événements isolés. « La substance matérielle est un fantôme créé par les sens [1] »; nous imaginons sous la collection des phénomènes que nous percevons dans les corps, un principe permanent, source et soutien de ces phénomènes. C'est une illusion à laquelle nous nous laissons prendre. En réalité « il n'y a ni esprits, ni corps, mais simplement des groupes de mouvements [2] », et ces mouvements « considérés directement en eux-mêmes se ramènent à une suite continue de sensations infiniment simplifiées et réduites ». Aussi les événements physiques « ne sont-ils qu'une forme rudimentaire des événements moraux »; les éléments sont les mêmes, toute la différence gît dans un développement plus ou moins grand de ces éléments. De telle sorte que « nous arrivons à concevoir le corps sur le modèle de l'esprit : l'un et l'autre sont un courant d'événements homogènes que la conscience appelle des sensations, que les sens appellent des mouvements [3]. »

1. *Ibidem.*
2. *Hist. Litt. Angl.*, Tome V, p. 397.
3. *De l'Intelligence.* Préface, pp. 8-9.

Dès lors, il n'y a plus lieu de distinguer entre la nature animée et la nature inanimée : tout vit. Bien plus, tout est vie, il n'y a qu'un mode d'être ; exister c'est vivre.

Ceci est parfaitement conforme aux principes du panthéisme naturaliste. La pluralité des lois n'est souvent qu'apparente : lorsque nous serons moins ignorants, nous arriverons sans doute à les réduire beaucoup, à ne garder au dessous de la loi suprême que quelques grandes lois et à ne distinguer que quelques vastes domaines. — Dès aujourd'hui nous pouvons élargir l'horizon de la psychologie, et en porter les limites presque aussi loin que celles de la métaphysique [1]. Le dieu qui subsiste en toutes choses y revêt des modalités identiques, et puisque l'existence et la vie se confondent, il n'y aura qu'un paradoxe apparent à affirmer que « les objets inanimés sont vivants...

« Je vois des joies d'espèces différentes dans la grosse rondeur du cercle bête et mathématique, dans la simplicité de l'élégante ellipse, dans les inflexions voluptueuses de la ligne sinueuse et irrégulière. Je vois de la souffrance dans les attitudes pénibles des rocs soutenus

---

1. *Voyage aux Pyrénées*, pp. 519-521. « Tout vit. »

dans les cassures multipliées des cimes ébréchées et meurtries, dans les hautes tranchées saignantes où le roc lisse se dresse comme un mur [1]. »

Par l'identité des éléments constitutifs des êtres, les règnes se rapprochent, les différences s'évanouissent, l'unité foncière de la Nature s'accuse. Il n'y a qu'une différence de degré entre les mondes que nous distinguons : au degré inférieur, au dessous du monde des animaux, qui sont les frères de l'homme, « des enfants qui, arrêtés dans leur croissance, ont gardé la simplicité, l'indépendance et la beauté du premier âge », paraît un monde nouveau, « encore plus simple et plus calme, celui des plantes, des pierres, des nuages, des eaux, de toutes les choses qui semblent inanimées. Elles le sont pour la réflexion étroite et grossière qui ne voit la vie que dans la pensée et la volonté. Mais la vie est dans tous les mouvements et dans toutes les formes ; car chaque mouvement révèle une force qui s'exprime, et chaque forme révèle une force qui s'est exprimée. Partout autour de nous, dans les objets les plus bruts et les plus inertes, il y a des tendances, des

---

[1] *Vie*, II, p. 105.

élans, des efforts, des impuissances et des victoires, en sorte que notre âme se retrouve en eux sous une autre forme, se contemple dans la plante qui est une puissance, comme elle s'est contemplée dans l'animal qui est une pensée. Un moineau alerte qui sautille en dressant sa petite tête hardie, et picote le grain d'un air coquet et délibéré, vous fait penser aux ébats et aux mines d'un gai polisson, indiscret convive, mais espiègle de bonne maison. A présent un bouleau blanchâtre, à l'écorce mince et lisse, qui élève vers le ciel son tronc grêle et ses feuilles frissonnantes, est un être souffrant, délicat et triste que nous aimons et que nous plaignons [1]. »

La science aboutit à la poésie ; elle engendre une sympathie universelle par la révélation de la communauté de nature qui unit tous les êtres dans la vaste harmonie du monde. Il n'y a que des forces qui s'expriment et des mouvements qui se perpétuent. — Dès lors, c'est par un artifice de langage que nous parlons de *substances*, que nous les dotons de propriétés et de qualités. Si nous le faisons, c'est pour grouper

---

1. *La Fontaine et ses Fables*, pp. 171-172.

des faits, pour les classer, pour les ranger sous des étiquettes [1].

« Nous croyons qu'il n'y a point de substances, mais seulement des systèmes de faits. Nous regardons l'idée de substance comme une illusion psychologique... Nous pensons qu'il n'y a rien au monde que des faits et des lois, c'est-à-dire des événements et leurs rapports [2]. »

Pour Taine, la substance est donc un reste des entités scolastiques; il faut en bannir la conception grossière, mais on peut en garder le mot, à condition d'en bien préciser le sens. La substance désigne l'ensemble primitif des qualités d'un être ; elle n'est rien en dehors de ces qualités. En somme le mot substance ne désigne que le point de vue auquel on envisage ces qualités. « L'objet avant analyse et division c'est la substance ; le même objet analysé et divisé, ce sont les qualités [3]. »

Mais n'oublions pas qu'il faut enlever au mot qualité lui-même son vieux sens scolastique. La qualité d'un être c'est un fait simple, concourant avec d'autres faits simples à former un fait plus complexe. Tout être est un ensemble de

---

1. *Hist. Litt. Angl.*, Tome V, p. 396.
2 *Ibidem*, p. 397.
3. *Les Philosophes classiques*, pp. 166-167.

faits et dès lors on peut dire que « trouver l'essence, c'est ramener un fait aux faits qui le composent et auxquels il se réduit [1]. »

De même que certains faits sont l'essence d'autres faits, de même certains faits sont la cause d'autres faits : « les essences et les causes ne sont que des faits [2]. »

En quelques mots, voici toute cette cosmologie : il n'y a rien de réel dans les corps que leurs mouvements ; ces mouvements sont des sensations rudimentaires, des qualités, c'est-à-dire des faits constitutifs de faits plus complexes dont ils sont l'essence et la cause.

D'autre part, rien n'existe que la substance, ses attributs et ses actes, c'est-à-dire la loi suprême développée en lois subordonnées. Dès lors, l'essence des lois divines constitue toute la réalité des êtres : les qualités, faits, mouvements, sensations, ne désignent tous que le jeu des lois, et c'est avec raison dès lors qu'on considère celles-ci comme des « forces naturelles », des « puissances naturelles qui sont le principe de la nature [3]. » De sorte que « chaque chose, brute ou pensante est un groupe de puissan-

---

1. *Ibidem*, p. 256.
2. *Ibidem*, p. 253.
3. *Philosophie de l'Art*, Tome II, p. 282-283.

ces [1]. » « Par son essence, la nature est un amas de forces, inégales en grandeur, dont le conflit est éternel, mais dont la somme et le travail total demeurent toujours les mêmes [2]. »

*

Pas plus qu'en métaphysique, Taine n'a recherché en cosmologie les lois qui sont l'objet propre de cette science. Somme toute, il s'est contenté d'affirmer les principes qui permettent de la considérer comme un chapitre de la psychologie ; le reste n'est qu'une application — très logique d'ailleurs — de ses principes sur la constitution de l'univers.

Cette extension du domaine de la psychologie est-elle légitime ?

Pour qu'elle le fût, il eût fallu tout au moins prouver les affirmations qui la fondent : celles-ci, en effet, sont trop hardies pour pouvoir, sans preuve, engendrer non pas même la certitude, mais simplement une vraisemblance, une probabilité.

Nous saisissons certains phénomènes, tantôt comme des mouvements moléculaires par la voie

---

1 *Hist. Litt. Angl.*, Tome IV, p. 381.
2. *Philosophie de l'Art*, Tome II, p. 313.

de la perception sensible, tantôt comme des sensations par la voie de la conscience. Ce sont des phénomènes à double face, l'une externe, l'autre interne.

Dès lors pour pouvoir affirmer que les mouvements qui constituent toute la réalité des corps bruts, sont des sensations rudimentaires, il faudrait tout d'abord faire voir que ces mouvements moléculaires sont de même nature que ceux qui constituent la face externe des sensations ; ensuite il faudrait prouver que les phénomènes qui ont pour face externe ces mouvements moléculaires, quelque rudimentaires que ceux-ci puissent être, s'accompagnent *nécessairement* d'une face interne, c'est-à-dire de sensations plus ou moins accusées. Car s'il était vrai que les sensations s'accompagnent toujours de mouvements moléculaires, il ne s'en suivrait pas nécessairement que ceux-ci fussent, dans les corps bruts, le concomitant obligé des sensations. Ces mouvements moléculaires sont la conséquence de certains phénomènes ; les sensations en sont une autre. Où voit-on la nécessité du lien qui réunit ces deux conséquences ? Ces mouvements moléculaires ne peuvent-ils se produire que conjointement à une activité psychique ?

En vérité, des preuves, en pareille matière, s'imposent. Et à leur défaut, nous répugnerons toujours à admettre cette extension de la psychologie, logique assurément dans un panthéisme naturaliste, mais qui heurte de front les données scientifiques actuellement acquises.

⁂

Une remarque encore à propos des principes de Taine sur la constitution de la matière sensible. Une chose ne peut être à elle-même sa condition : la loi suprême ne peut poser elle-même des conditions à son exercice. Dès lors, comme en dehors d'elle tout est néant, son exercice sera nécessairement inconditionné. S'il en était ainsi, le monde se trouverait figé dans un état statique absolu. Comment expliquer, en effet, les changements qui se produisent dans la nature ?

On pourrait dire que la manifestation *progressive* de la loi suprême constitue le devenir des choses. Mais alors on n'expliquerait pas la permanence des formes, ni la stabilité des types.

Il y a bien une explication : c'est de dire que ce Dieu universel et multiforme, est esprit, qu'il dirige son activité d'une manière consciente et libre. Mais c'est renoncer au déterminisme, et accueillir le premier anneau d'une chaîne de conséquences qui bouleverseraient totalement le système que Taine a défendu.

On le voit, la « part de conjectures » risque d'être fort grande, trop grande pour laisser encore à la certitude, dans ces spéculations philosophiques, une place suffisante pour y asseoir ses appuis.

CHAPITRE IV

LA SOCIÉTÉ

Que la vie soit en toute chose, qu'elle se prodigue à tous les êtres, c'est là le postulat d'une induction où la réflexion se hasarde en tâtonnant. L'observation directe est inapte à nous le révéler. Mais pour moins subtil que soit peut-être son procédé, il est plus sûr ; et en deçà de ce caractère qui serait commun à tous les êtres, elle nous fait voir en eux des diversités nombreuses et des aspects multiples.

Il est un caractère qui distingue essentiellement les choses que nous disons inanimées, des choses que nous disons animées. Les premières ont un caractère de permanence que les secondes n'ont pas ; celles-là demeurent, celles-ci passent et se reproduisent. On peut donc concevoir la matière inerte comme une condition de la matière vivante, puisque le renouvellement de la vie s'effectue dans un état de dépendance vis-à-vis de la permanence de la matière inerte. Sans descendre jusque dans le détail des sciences qui se partagent ces deux ordres, Taine en a fait en quelque sorte la philosophie ; nous avons vu les conclusions auxquelles il s'est arrêté dans son étude du monde physique. Poussant plus loin ses investigations, il a recherché les lois qui dominent l'évolution de la matière vivante, et plus particulièrement de cette portion d'elle-même qu'on appelle la race humaine. Aussi bien, la psychologie trouve-t-elle dans l'homme son véritable objet ; et somme toute, la philosophie de Taine n'en a pas d'autre.

Après s'être efforcé de percer le mystère qui entoure la cause première, le dieu dont l'homme est un des membres, après avoir établi les principes du monde dont il est un atome, il fallait étudier ses alentours immédiats, les sociétés qui enveloppent sa naissance et conditionnent son développement. L'étude des sociétés humaines, qui a toujours été au premier rang des préoccupations intellectuelles de Taine, constitue l'objet d'une science qu'on a appelée la sociologie.

Fidèle à sa conception unitaire de l'univers,

Taine s'est efforcé de ramener toutes les lois particulières que révèle cette science, à une loi générale qui les résumât toutes. C'est la *loi des Facteurs Primordiaux*. Cette loi est — comme on l'a dit de la « loi des trois états » dans la sociologie d'Auguste Comte — « l'épine dorsale » de la sociologie de Taine [1].

Tous les phénomènes sociaux s'expliquent par le jeu de cette loi : toutes les lois qui régissent la société humaine dérivent d'elle. Quel que soit le phénomène social que l'on envisage, son apparition et sa nature s'expliquent toujours par l'action de trois facteurs : la race, le milieu et le moment.

Etant donné tel milieu, telle race, à tel moment de l'évolution de celle-ci, tout événement quelconque, production littéraire ou artistique, institution sociale ou religieuse, fait politique ou individuel, sera le produit de ces trois facteurs. La loi des Facteurs primordiaux est une loi nécessaire et universelle.

La race, c'est l'ensemble des caractères, des façons de sentir et de penser, que manifeste une portion de l'humanité, et qui la distinguent des autres portions, dotées elles-mêmes de carac-

---

[1] Stuart Mill, *Auguste Comte et le Positivisme*, p. 11. — Cité par Defourny, *La Sociologie Positiviste*, p. 24.

tères distinctifs et propres. Le groupement humain n'est pas seulement géographique, il est aussi ethnographique ; au sein de l'humanité se forment des groupes d'espèces différentes qu'on appelle les races humaines. Pour comprendre cette différenciation, qui se poursuit jusqu'à la formation des communautés locales dont le folk-lore nous apprend les pittoresques traditions particulières et les institutions propres, il faut se reporter à la loi darwinienne de l'adaptation au milieu.

« Par tous ses développements l'animal humain continue l'animal brut [1]. » Tous deux ont obéi aux mêmes lois, et pour la même raison qu'il y a des espèces animales, il y a des races humaines ; les unes et les autres se sont adaptées au milieu. Probablement n'y faut-il voir que des produits différenciés d'une même matière primitive. La science n'est pas encore assez avancée pour permettre de trancher d'une façon catégorique la question de l'origine des espèces, mais on peut affirmer que « dès qu'un animal vit, il faut qu'il s'accommode à son milieu [2]. » La même nécessité s'impose à l'homme. Aussi, « parmi ses gestes, ses attitudes, ses idées, ses

---

1. *Essais de Critique*, Préface, pp. xxiv à xxxi.
2. *Hist. Litt. Angl.*, Préface, p. xxv.

actions, par suite parmi ses habitudes, par suite parmi ses instincts et aptitudes, l'homme choisit peu à peu et forcément ce qui est conforme au milieu, le reste étant peu à peu supprimé par la gêne et la souffrance...

« Physiologiquement, l'intestin, le poumon, la peau, tout organe et molécule est lié au reste ; partant, cet organe varie d'état par les variations de l'action de l'animal ; partant, par la tendance du type à se conserver, c'est-à-dire à répéter l'état le plus fréquent, l'état physiologique approprié à tel système d'action tend à se reproduire, ce qui explique l'accommodation du tempérament dans l'individu [1]. »

Des individus, ces modifications pénètrent dans la race et s'y implantent, de telle sorte que les caractères de la race se dessinent d'après les conditions du milieu. Or, les hommes se sont établis dans différents milieux ; ils ont donc dû s'y accommoder, s'y adapter : et dès lors les différences qui existaient entre ces diverses conditions matérielles, ont déterminé dans le cours de longs siècles, des différences correspondantes dans la structure du corps et par celles-ci dans le tempérament et la structure mentale des peu-

1. *Carnets de Voyage*, p. 331.

ples qui s'y sont établis à demeure. Ce sont là les traits de caractère qui, implantés dans une portion d'hommes pendant une suite très longue de générations, constituent le résidu indélébile des façons de sentir et de penser que nous appelons la race. C'est là l'origine des civilisations diverses que le monde a connues. « Une race se rencontre ayant reçu son caractère du climat, du sol, des aliments, et des grands événements qu'elle a subis à son origine. Ce caractère l'approprie et la réduit à la culture d'un certain esprit comme à la conception d'une certaine beauté [1]. »

La race est la grande « force du dedans » qui classe l'humanité en différents types, qui crée les divers acteurs des événements de l'histoire. « Considérez tour à tour les grands peuples depuis leur apparition jusqu'à l'époque présente, toujours vous trouverez en eux un groupe d'instincts et d'aptitudes sur lesquels les révolutions, les décadences, la civilisation, ont passé sans avoir prise. Ces aptitudes et ces instincts sont dans le sang et se transmettent avec lui ; il faut, pour les altérer, une altération du sang, c'est-à-dire une invasion, une conquête à de-

---

1. *La Fontaine et ses Fables*, p. 313.

meure, et, partant, des croisements de race, ou tout au moins un changement du milieu physique, c'est-à-dire une émigration et la lente impression d'un nouveau climat ; bref, une transformation du tempérament et de la structure corporelle. Quand, dans le même pays, le sang reste à peu près pur, le même fonds d'âme et d'esprit qui s'est montré dans les premiers grands-pères se retrouve dans les derniers petits-enfants [1]. »

Les « forces du dehors » constituent le deuxième facteur primordial, le *milieu*, et sont principalement, le climat, les circonstances politiques et les conditions sociales. La grande force du dehors, c'est le climat ; l'action des deux autres est postérieure à celle des forces du dedans. Les façons de penser et de sentir qui caractérisent un peuple expliquent, en effet, ses institutions et son histoire ; elles sont fonction de la race qui les engendre et qui la crée [2]. Au contraire, le climat est une force antérieure aux forces du dedans, qui se transforme en quelque sorte en ces forces internes ; mais la transformation n'est jamais complète et le milieu physique continue d'agir, soit pour main-

---

1. *Philosophie de l'Art*, Tome II, pp. 250-251
2. *Hist. Litt Angl.*, Préface, pp. iv-v.

tenir la permanence de ses effets, soit pour modifier, dans des conditions nouvelles, les résultats acquis, et pour coopérer avec les forces du dedans à la production des événements sociaux [1].

L'influence du climat est donc prépondérante ; il n'y a pas de plus grande puissance.

« L'air et les aliments font le corps à la longue ; le climat, son degré et ses contrastes produisent les sensations habituelles, et à la fin la sensibilité définitive : c'est là tout l'homme, esprit et corps, en sorte que tout l'homme prend et garde l'empreinte du sol et du ciel... Imaginez le paysan qui vit toute la journée en plein air, qui n'est point, comme nous, séparé de la nature par l'artifice des inventions protectrices et par la préoccupation des idées ou des visites. Le ciel et le paysage lui tiennent lieu de conversation ; il n'a point d'autres poèmes ; ce ne sont point les lectures et les entretiens qui remplissent son esprit, mais les formes et les couleurs qui l'entourent ; il y rêve, la main appuyée sur le manche de la charrue; il en sent la sérénité ou la tristesse, quand le soir il rentre assis sur son cheval, les jambes pendantes, et que ses yeux

---

1. *Ibidem*, pp. xxvi à xxix

suivent sans réflexion les bandes rouges du couchant. Il n'en raisonne point, il n'arrive point à des jugements nets ; mais toutes ces émotions sourdes s'assemblent pour faire ce ton habituel de l'âme que nous appelons le caractère. C'est ainsi que l'esprit reproduit la nature ; les objets et la poésie du dehors deviennent les images et la poésie du dedans [1]. »

Le caractère d'un peuple, sa mentalité, sont donc en relation intime avec les conditions du milieu dans lequel il s'est développé.

« Tout sort du climat ; la tête humaine ne fait que reproduire et concentrer la nature qui l'environne [2]. »

A l'action du climat s'ajoute celle des circonstances politiques. Et celles-ci peuvent, à certains moments, exercer une influence considérable. Dans les *Origines de la France contemporaine*, Taine fait voir à suffisance l'importance prépondérante des événements politiques dans la formation des esprits à l'époque révolutionnaire. Dans l'abatis universel des institutions sociales, dans le désarroi d'une civilisation, le singe lubrique et féroce reparaissait

---

[1] *La Fontaine et ses Fables*, pp. 8-9. — *Voyage en Italie*, Tome I, pp. 35-36. — *Carnets de Voyage*, p. 11.
[2] *Carnets de Voyage*, p. 102.

dans le Français de la fin du XVIII° siècle. Les tendances destructrices qui subsistent à l'état latent dans les bas-fonds de toute société civilisée, revenaient à la lumière sous le choc d'événements politiques trop soudains [1]. La Révolution contribua donc à constituer un *milieu* qui engendra des caractères et des esprits à lui.

Le milieu se différencie pour les diverses catégories sociales, par l'intervention d'un troisième élément, à savoir les conditions sociales. Celles-ci déterminent le caractère propre de l'individu, par dessus les tendances du caractère national.

« Les conditions font les caractères, car le caractère n'est que l'ensemble des sentiments habituels, lesquels naissent de notre état journalier. Nos occupations et nos habitudes sont comme une température morale qui fortifie et redresse notre âme, ou l'affaiblit et la fait ramper... Nous naissons tous et nous croissons d'un mouvement spontané, libres, élancés, comme des plantes saines et vigoureuses. On nous transplante, on nous redresse, on nous émonde, on nous courbe. L'homme disparaît, la machine reste ; chacun prend les défauts de son état, et

---

1. *Les Origines.* Cf. La Révolution, Tome I, pp. 322-323.

— 92 —

de ces travers combinés naît la société humaine [1]. »

Il y a un troisième facteur dont il importe de tenir compte dans l'étude de la formation des sociétés humaines ; c'est le facteur que Taine a appelé le *moment*.

« Avec les forces du dedans et du dehors, il y a l'œuvre qu'elles ont déjà faite ensemble, et cette œuvre elle-même contribue à produire celle qui suit ; outre l'impulsion permanente et le milieu donné, il y a la vitesse acquise. Quand le caractère national et les circonstances environnantes opèrent, ils n'opèrent point sur une table rase, mais une table où des empreintes sont déjà marquées. Selon qu'on prend la table à un *moment* ou à un autre, l'empreinte est différente ; et cela suffit pour que l'effet total soit différent [2]. »

Le moment est donc, comme la race, une force du dedans ; mais au lieu de désigner des penchants indestructibles et des caractères stables, il désigne un élément instable, c'est-à-dire la somme des actions antérieurement subies par la matière humaine et imprimées dans la race, à un moment donné de son évolution.

Beaucoup d'auteurs ont cru que Taine avait

1. *La Fontaine et ses Fables*, pp. 12J 13J.
2. *Hist. Litt. Angl.*, p. XXIX-XXX.

voulu désigner par le moment une force du dehors. Telle n'est pas, croyons-nous, la pensée de l'auteur de la *Littérature anglaise*. Matériellement, ce facteur primordial est tout à la fois une certaine conception de l'intelligence et les œuvres où cette conception s'est incarnée, mais il n'est formellement une force, que dans cette conception de l'intelligence, et, à ce titre il est véritablement une force du dedans.

« Regardez... quelqu'un de ces larges développements qui embrassent un ou plusieurs siècles, comme le moyen âge ou notre dernière époque classique... Une certaine conception dominatrice y a régné ; les hommes, pendant deux cents ans, cinq cents ans, se sont représenté un certain modèle idéal de l'homme, au moyen âge, le chevalier et le moine, dans notre âge classique, l'homme de cour et le beau parleur ; cette idée créatrice et universelle s'est manifestée dans tout le champ de l'action et de la pensée, et, après avoir couvert le monde de ses œuvres involontairement systématiques, elle s'est alanguie, puis elle est morte, et voici qu'une nouvelle idée se lève, destinée à une domination égale et à des créations aussi multipliées. Posez ici que la seconde dépend en partie de la première qui, combinant ses effets avec ceux du génie national et des circonstances enveloppantes, va imposer aux choses naissantes leur tour et leur direction. C'est d'après cette loi que se forment les grands courants historiques, j'entends par là les longs règnes d'une forme d'esprit ou d'une idée maîtresse... [1]. »

Cette forme d'esprit ou cette idée maîtresse est un produit de l'intelligence, et, encore qu'elle s'exprime dans des œuvres extérieures, il n'en reste pas moins, qu'à titre de condition d'une forme d'esprit ou d'une idée maîtresse ultérieure, elle soit une force du dedans, c'est-à-dire un facteur dont l'origine et l'efficacité sont psychologiques.

L'histoire de l'humanité n'est que le récit du jeu combiné des facteurs primordiaux, véritables divinités, maîtresses des destinées de l'homme. Ces forces omnipotentes ne sont pas des êtres métaphysiques cachés au sein des choses : elles sont ces choses elles-mêmes. Le climat ne désigne, en effet, que le degré de température, la configuration du sol et la couleur du ciel, le milieu physique que constitue un endroit quelconque de notre planète. Divers animaux y vivent, parmi lesquels l'homme, le mieux orga-

---

[1] *Hist. Litt. Angl.*, Préface, p. xxxi. — *La Fontaine*, p. 213. *Voyage en Italie*, T. I, pp. 381-385.

nisé de tous, qui doit comme ses voisins s'adapter au milieu. Le climat agit sur lui, fait naître les besoins de ses organes, et, par eux, la forme originelle de son esprit [1]. C'est là l'origine des façons de penser et de sentir qui constituent la race, en ce qu'elles groupent et rassemblent d'une certaine manière les premiers éléments psychologiques pour les verser dans le tout d'une sensation ou d'un sentiment [2]. C'est pour cette raison, qu'on dit que l'influence de l'élément race, est, dans son essence, une *systématisation* des éléments psychologiques simples dont la combinaison variée constitue les opérations de l'âme qui sont l'âme elle-même, tout comme l'essence de la force cristallomorphique est une systématisation en six genres des éléments simples du solide rectiligne.

Cette influence systématisatrice atteint d'abord les représentations et ensuite le développement de ces représentations, spéculatif ou pratique, selon qu'il aboutit à une conception générale ou à une résolution active [3]. Le moment ne désigne qu'une spécification plus grande des façons de penser et de sentir.

1. *Hist. Litt. Angl.*, T. I, p. v et pp. 3 à 7. — T. II, p. 89. — *Philosophie de l'Art*, T. II, p. 93.
2. *Hist. Litt. Angl.*, Préface, pp. xvi-xvii.
3. *Ibidem*, pp. xviii-xix.

Voilà toute la nature des facteurs primordiaux : ce sont de véritables forces, dont l'influence se distribue en cascade dans les divers ordres de faits qui composent une civilisation.

« Si l'on dresse la carte psychologique des événements et des sentiments d'une civilisation humaine, on trouve d'abord cinq ou six provinces bien tranchées, la religion, l'art, la philosophie, l'état, la famille, les industries ; puis, dans chacune de ces provinces, des départements naturels, puis enfin dans chacun de ces départements des territoires plus petits, jusqu'à ce qu'on arrive à ces détails innombrables de la vie que nous observons tous les jours en nous et autour de nous. Si maintenant l'on examine et si l'on compare entre eux ces divers groupes de faits, on trouvera d'abord qu'ils sont composés de parties, et que tous ont des parties communes »

Dans tous ces groupes se rencontre un élément commun qui donne à une civilisation son unité d'allure et la concordance de ses institutions. Il y a ici une loi secondaire qui prolonge l'action de la loi des facteurs primordiaux : la *loi des dépendances mutuelles*.

« A présent supposez que cet élément commun reçoive du milieu, du moment ou de la race des caractères propres, il est clair que tous les groupes où il entre seront modifiés à proportion ».

La *loi des influences proportionnelles* détermine le degré de pénétration de l'action des facteurs primordiaux et la mesure de l'originalité que cette action imprime à la civilisation qu'elle contribue à élaborer [1].

Que si maintenant nous voulons savoir comment « le dehors impersonnel fait le dedans personnel [2] » et comment « le dedans fait le dehors [3] », nous devrons nous en rapporter à la loi de l'accommodation au milieu et à la loi de la sélection naturelle.

L'action combinée des facteurs primordiaux — action tantôt concourante, tantôt antagoniste [4] — aboutit à la création d'une « température morale », c'est-à-dire d'un état général des esprits et des mœurs, caractéristique d'un peuple à tel moment de son histoire. Cet état général différera d'une époque à une autre pour un même peuple et davantage encore d'un peuple à un autre. Il se compose de ces éléments multiples qui constituent une civilisation avec son développement original et ses institutions propres:

---

1. *Hist. Litt. Angl.*, Préface, pp. xxvii à xl, Tome III, pp. 29-30. — *Philosophie de l'Art*, Tome II, p. 92.
2. *Hist. Litt. Angl.*, Tome II, p. 415.
3. *Ibidem*, Tome II, p.
4. *Ibidem*, Tome II, pp. 45 et 58-59. Tome III, pp. 141 à 143.

Taine.

il est fonction du moment, qui, lui, est fonction de la race, qui, elle, est fonction du milieu physique. Les conditions sociales et les circonstances politiques dérivent de l'action de ces facteurs et deviennent à leur tour des forces qui agissent de concert avec eux pour créer au sein d'une société humaine un état général des esprits et des mœurs, conditionné par l'état général de la période antérieure, et conditionnant celui de la période suivante·[1]. Cet état général constitue en quelque sorte une température morale, pareille à la température physique. Et de même que le milieu physique produit les espèces animales en ce que celles-ci se sélectionnent en s'adaptant, de même le milieu moral produit les intelligences et les génies, en ce que ceux-ci se sélectionnent en s'adaptant à la température morale. Il y a là une sorte de « terrain national, très bon pour certaines plantes, mais très mauvais pour d'autres, incapable de mener à bien les graines du pays voisin, mais capable de donner aux siennes une sève exquise et une floraison parfaite, lorsque le cours des siècles amène la température dont elles ont besoin...

« Car le génie n'est rien qu'une puissance dé-

---

[1]. *Essais de Critique*, Préface, pp. x-xi et xv à xix.

veloppée, et nulle puissance ne peut se développer tout entière, sinon dans le pays où elle se rencontre naturellement et chez tous, où l'éducation la nourrit, où l'exemple la fortifie, où le caractère la soutient, où le public la provoque [1]. »

Il y a donc lieu de faire en quelque sorte une botanique humaine et, en étudiant la plante, il ne faut pas perdre de vue le terrain où elle a germé : si elle est largement développée, vigoureuse et belle, c'est avant tout parce qu'elle a trouvé la température qui lui fallait, l'espèce de terrain qui convenait à sa nature, et toutes les qualités qui s'épanouissent en elle lui viennent du sol et du ciel. « Si inventeur que soit un esprit, il n'invente guère ; ses idées sont celles de son temps, et ce que son génie original y change ou ajoute est peu de chose. La réflexion solitaire, si forte qu'on la suppose, est faible contre cette multitude d'idées qui de tous côtés, à toute heure, par les lectures, les conversations viennent l'assiéger, renouvelées encore et fortifiées par les institutions, les habitudes, la vue des lieux, par tout ce qui peut séduire ou maîtriser une âme... Tels que des flots dans un

---

1. *La Fontaine et ses Fables*, pp. 313-314.

grand fleuve, nous avons chacun un petit mouvement, et nous faisons un peu de bruit dans le large courant qui nous emporte ; mais nous allons avec les autres et nous n'avançons que poussés par eux [1]. »

A mener plus loin ces investigations de naturaliste, on remarquerait partout l'étroite dépendance dans laquelle se trouve toute œuvre ou toute invention humaine, vis-à-vis de cet état général de la civilisation au sein de laquelle elle apparaît. Le caractère de l'œuvre change avec le degré de la température morale qui la fait éclore, car « l'homme, comme toute chose vivante, change avec l'air qui le nourrit. Il en est ainsi d'un bout à l'autre de l'histoire : chaque siècle, avec des circonstances qui lui sont propres, produit des sentiments et des beautés qui lui sont propres ; et, à mesure que la race humaine avance, elle laisse derrière elle des formes de société et des sortes de perfection qu'on ne rencontre plus [2]. »

Pour chaque peuple, à chaque moment de son histoire, existe donc une certaine température morale, féconde pour certaines graines, funeste pour d'autres. Tout se trouve déterminé

1. *Essai sur Tite-Live*, pp. 10-11.
2. *Essais de Critique.* Madame de la Fayette, p. 265.

par ses caractères et par la hauteur de son degré : il n'est même pas jusqu'au train courant de la vie, jusqu'à l'espèce des réjouissances et des plaisirs auxquels s'adonne un peuple, qui ne soit en relation intime avec les besoins de la race et les nécessités du milieu [1].

Les facteurs primordiaux apparaissent donc comme des forces omnipotentes, et l'histoire de l'humanité n'est que l'histoire de leur puissance souveraine et universelle.

Mais il importe de bien caractériser le mode de leur action. Quand on dit que l'état général des esprits et des mœurs, auquel celle-ci aboutit, *produit* les intelligences et les institutions, on emploie le mot produire d'une façon impropre. « On ne doit pas dire que l'époque *produit* l'écrivain ; ce mot est excessif, s'il n'est pas qualifié et restreint. Par exemple, pour les écrivains... chacun est né avec son tour particulier d'esprit. Pascal était autre que Boileau ; mais tous les deux ont reçu une éducation semblable, au moins dans les grands traits, différente de l'éducation qu'auraient reçue Ronsard et Montaigne, de l'éducation que recevront plus tard Voltaire et Montesquieu [2]. »

1. *Notes sur l'Angleterre*, p. 44. — *La Fontaine et ses Fables*, pp. 150-151. — *Voyage en Italie*, Tome II, p. 191.
2. *Vie*, Tome IV, pp. 108-109.

De même, quand on dit que les religions et les philosophies sont des produits du milieu où elles sont nées [1], on veut dire que des intelligences humaines ont pu les créer et les construire, parce que seules les façons de penser et de sentir qui les conditionnent, convenaient à la température morale qui existait dans un pays, pour une race à un moment donné. « Les génies et les talents sont donnés comme les graines... la Nature est une semeuse d'hommes qui, puisant de la même main dans la même besace, répand à peu près la même quantité, la même qualité, la même proportion de graines dans les terrains qu'elle ensemence régulièrement et tour à tour. Mais, dans ces poignées de semence qu'elle jette autour d'elle en arpentant le temps et l'espace, toutes les graines ne germent pas. Une certaine température morale est nécessaire pour que certains talents se développent ; si elle manque ils avortent. Par suite, la température changeant, l'espèce des talents changera ; si elle devient contraire, l'espèce des talents deviendra contraire, et, en général, on pourra concevoir la température morale comme *faisant un choix* entre les différentes espèces de talents, ne lais-

---

1. *Les Philosophes classiques*, p. 80. — *Hist. Litt. Angl.*, Tome IV, p. 322.

sant se développer que telle ou telle espèce, excluant plus ou moins complètement les autres [1]. »

Seuls percent les génies qui conviennent au milieu, comme seules naissent les institutions, surgissent les événements ou éclosent les œuvres qui correspondent au degré de température morale. C'est là *tout le sens* de la loi des facteurs primordiaux.

D'autres lois régissent les faits sociaux ; mais elles n'agissent que dans les limites d'une subordination étroite : « Les arts, les sciences, les mœurs, les événements de l'économie politique et domestique ont leurs lois qui tiennent aux autres et toutes s'unissent en une seule [2]. »

La hiérarchie des lois, qui descend depuis ce sommet où se réalise l'unité de l'univers, reparaît donc dans la formation des sociétés humaines. Rien n'échappe à la puissance de ces divinités qui façonnent le monde humain comme elles façonnent le monde physique. La sociologie aura donc pour objet des lois, et finalement la loi unique qui les résume. Taine prétend avoir découvert celle-ci dans sa loi des Facteurs Primordiaux.

1. *Philosophie de l'Art*, Tome I, pp. 55-56.
2. *Essai sur Tite-Live*, p. 180.

Cette conception de la sociologie lui semble heureuse :

« Placé sur ce terrain, on a plus de chance de bien voir et plus de plaisir à voir. Chaque nation apparaît comme une grande expérience instituée par la nature. Chaque pays est un creuset où des substances distinctes en des proportions différentes sont jetées dans des conditions particulières. Ces substances sont les tempéraments et les caractères. Ces conditions sont les climats et la situation originelle des classes. Le mélange fermente d'après des lois fixes, insensiblement pendant des siècles, et aboutit ici à des matières stables, là-bas à des composés qui font explosion... On jouit par sympathie de la toute-puissance de la nature et l'on sourit en voyant la chimiste éternelle, par une mince altération des proportions, des conditions ou des substances, imposer des révolutions, fabriquer des destinées, instituer la grandeur ou la décadence et fixer d'avance à chaque peuple les œuvres qu'il doit faire et les misères qu'il doit porter [1]. »

Il n'y a pas seulement un plaisir spéculatif à voir fonctionner le mécanisme de nos destinées,

---

[1]. *Essais de Critique*. M. Troplong et M. de Montalembert, pp. 326-27.

il y a aussi un profit pratique à retirer de la découverte des lois qui déterminent le sort des sociétés humaines. La nature en nous livrant le secret de son action, nous donne le moyen d'agir à notre tour, d'intervenir à titre de cause ou de condition dans la série des événements moraux, de les prévoir dans une certaine mesure, et d'en changer le cours. L'expérience de trois siècles nous apprend, en effet, que les sciences morales « aboutissent comme les sciences physiques à établir des dépendances constantes entre les faits ; que la découverte de ces dépendances dans les sciences physiques a donné aux hommes le moyen de prévoir et de modifier jusqu'à un certain point les événements de la nature ; qu'une découverte analogue dans les sciences morales doit fournir aux hommes le moyen de prévoir et de modifier jusqu'à un certain degré les événements de l'histoire... Lorsque nous sommes parvenus à connaître la condition suffisante et nécessaire d'un fait, la condition de cette condition, et ainsi de suite, nous avons sous les yeux une chaîne de données dans laquelle il suffit de déplacer un anneau pour déplacer ceux qui arrivent ; en sorte que les derniers, même situés au delà de notre action, s'y soumettent par contre-coup, dès que l'un des précédents tombe sous nos prises [1] ».

Comme en métaphysique et en cosmologie, Taine pousse ici ses conclusions jusqu'à ces vastes vues d'ensemble où l'horizon s'élargit démesurément. Sa méthode positiviste l'amène à des résultats imprévus : l'étude des faits lui fait découvrir des lois qui non seulement expliquent le passé de l'humanité mais qui éclairent son avenir. La science devient en quelque sorte la conscience de la Nature ; l'homme qui pense, pénètre les secrets du dieu qui subsiste en lui-même et participe à son action.

...

La sociologie de Taine a cette qualité d'être très logique avec les prémisses de son système: sa conception du monde se maintient ici, intacte, à travers toutes les déductions. Le monde social lui apparaît comme une hiérarchie de lois, toute pareille à celle qu'il a établie dans l'étude du monde physique.

Au sommet de cette hiérarchie se trouve la loi des Facteurs Primordiaux. Quelle est la valeur de cette loi ?

1. *Essais de Critique*, Préface, p. xxiv.

Tout d'abord elle a ce mérite d'être une loi historique, c'est-à-dire d'être, au même titre que le matérialisme historique d'un Ferrero ou le réalisme social d'un Durkheim, un principe d'organisation de l'histoire et de préparer les voies à une sociologie [1]. Si les lois historiques ne désignent pas des liaisons et des dépendances nécessaires, elles dénoncent souvent des tendances profondes et générales : si la teneur de ces lois n'est pas acceptable dans ses termes trop absolus, on peut du moins en reprendre la formule et en faire une « utilisation ».

C'est le cas de la loi des Facteurs Primordiaux. Pour qu'elle eût le caractère d'une véritable loi, il aurait fallu montrer la nécessité des rapports qui rattachent tout phénomène social à ses générateurs. Taine nous fait voir que souvent, très souvent même, un individu ou un événement quelconque est le produit de la race du milieu et du moment. Or, pour que ce fait pût être érigé en loi, il aurait fallu démontrer la nécessité et l'universalité du rapport qu'il accuse et qui n'est peut-être que contingent. En fait, il est des cas nombreux où la loi ne se vé-

---

1. Cf. S. Deploige, *Le conflit de la morale et de la sociologie*. *Revue Néo-Scolastique*, novembre 1905 à août 1907.

rifie pas [1]. Donc il n'y a là, somme toute, qu'une tendance, un fait général, et la loi qui l'exprime doit être prise comme une formule, très commode assurément, très féconde même en résultats originaux et précieux.

On a fait souvent à la loi des Facteurs Primordiaux un reproche qui nous paraît immérité. M. Lacombe écrit : « Taine vient de nous développer deux des plus grands artistes — sinon même les deux plus grands de la littérature anglaise — et de nous expliquer l'un (Shakespeare) par le don de sympathie, l'autre (Milton) par le don de logique passionnée ; mais où a-t-il démontré, disons plus, où a-t-il essayé de nous démontrer expressément que ces dons sont, dans l'un et dans l'autre, provenances de la race anglo-saxonne, et comme des fruits propres à cette race ? Et d'autre part, nous voyons très bien, dans l'histoire des autres littératures, que ces dons, ou plutôt ces qualités de la sympathie, de la logique passionnée, appartiennent à beaucoup d'écrivains, de poètes qui ne sont pas anglo-saxons [2]. »

On trouve un reproche assez semblable sous la plume de M. Faguet : « Quant à la recher-

---

1. Cf. Paul Lacombe, *La Psychologie des individus et des sociétés, chez Taine, historien des Littératures*. Paris, Alcan, 1906.
2. Paul Lacombe, op. cit., p. 246.

che de la race, du milieu et du moment, autant elle est intéressante, autant elle est vaine, parce qu'elle est comme extérieure et reste toujours extérieure à l'objet propre de la critique. Certainement Corneille est un produit de la race française, du sol normand, de la bourgeoisie de Rouen et des circonstances au milieu desquelles il a vécu de 1604 à 1624. Seulement ces diverses choses expliquent tout Corneille, sauf sa supériorité, et c'est de sa supériorité que le critique a à nous rendre compte. Elles expliquent un bourgeois de Rouen en 1625, mais non la différence entre un bourgeois de Rouen en 1625 et Pierre Corneille ; et c'est cette différence qui nous importe ; et il s'ensuit qu'elles expliquent beaucoup mieux un voisin de Corneille que Corneille lui-même... Voilà pourquoi il n'y a pas moyen d'expliquer, sinon spécieusement, un individu par ses causes. Voilà pourquoi je disais que la psychologie des peuples, appliquée à la psychologie des individus, explique tout, sauf ce qu'il faudrait expliquer, à savoir l'individualité, et pourquoi je disais que la méthode race-milieu-moment reste toujours extérieure à son objet [1]. »

---

[1]. Emile Faguet, *Politiques et Moralistes du XIXe siècle*, Troisième série, H. Taine, pp. 365 et 369.

M. Victor Giraud, dans son *Essai sur Taine*, se fait l'interprète d'une critique toute pareille : « La théorie est ingénieuse, elle est séduisante, elle contient même une large part de vérité... L'œuvre de Racine ne s'expliquerait assurément pas tout entière si l'on n'y relevait pas certains traits qui appartiennent en propre à l'esprit français, à la société, ou plutôt aux diverses sociétés dans lesquelles Racine a vécu, et enfin à l'état précis de la civilisation, de la littérature et des mœurs qu'il a eu sous les yeux lorsqu'il a commencé à écrire. Seulement l'explication, remarquons-le, vaut pour tous les contemporains de Racine ; et c'est le seul Racine qu'il s'agit de m'expliquer. La théorie, en d'autres termes, me rend bien compte de ce qui, dans Racine, n'est pas Racine, non du génie original, particulier, unique, de la « monade » indivisible qui s'appelle Racine. Si elle était exacte, il aurait dû y avoir une foule de Racine : et il n'y en a eu qu'un seul. Voici deux frères : Pierre et Thomas Corneille ; même race, même milieu, même moment. Pourquoi l'un est-il l'auteur de *Polyeucte*, et l'autre l'auteur de *Timocrate* ? A cela il n'y a qu'une réponse : c'est que Pierre avait du génie, et que Thomas n'en avait pas. Et pourquoi Pierre Corneille a-t-il eu du génie ?

Question insoluble, et que la théorie de la race, du milieu et du moment n'a pas fait avancer d'un pas [1]. »

On pourrait tout d'abord répondre à ces auteurs que c'est très mal comprendre une loi de la critique que de lui reprocher son insuffisance à expliquer les individualités comme telles ; c'est le reproche qu'ils adressent à la théorie des milieux, et nous estimons qu'il est pour cette raison, injustifié.

Chercher à ramener des écrivains à des catégories et à des groupes, démêler les lois qui régissent leurs œuvres, — et c'est là le propre de la critique, — c'est du même coup renoncer à atteindre ce qui, chez les écrivains, constitue leur individualité puisque celle-ci est incommunicable. La critique est impuissante à nous renseigner positivement sur cette individualité et sur cette originalité des écrivains ; elle ne le peut que d'une façon négative.

On pourrait répondre ensuite à MM. Faguet et Giraud, que Taine s'est rendu compte lui-même de l'échec de sa théorie dans l'explication des cas individuels. « Les historiens, dit-il dans son article sur Michelet, devraient apprendre des *naturalistes* que les lois sur les espèces,

---

[1] Victor Giraud, *Essai sur Taine*. Paris, Hachette, 1902.

vraies lorsqu'on considère de grandes multitudes, sont au plus haut point douteuses lorsqu'on considère des individus... ¹ »

Taine tendait à réaliser dans les sciences morales, une assimiliation très prochaine aux sciences naturelles ; dès lors, que sa théorie race-milieu-moment rencontrât des écueils, quoi d'étonnant, puisque les sciences naturelles ont des lois qui connaissent les exceptions ?

D'ailleurs, y a-t-il là véritablement un échec pour la loi des Facteurs Primordiaux ? M. Lacombe lui reproche son insuffisance à expliquer l'espèce et la nature des dons qui se rencontrent dans une race, et partant l'impuissance des facteurs qu'elle désigne à susciter des talents originaux et des génies propres à cette race ; la critique de MM. Faguet et Giraud porte sur l'insuffisance de la loi à expliquer les dons individuels et la présence dans un poète ou un écrivain, des caractères et des dons qui constituent sa personnalité. Cette insuffisance de la loi est tout à fait réelle ; nous ne le contestons pas. Mais cette insuffisance est toute relative ; elle n'apparaît que lorsqu'on conçoit la théorie de Taine dans le sens outré où ces auteurs l'entendent, et qui dénature sa pensée. — Il suffit,

1. *Essais de Critique*, p. 109.

pour s'en rendre compte, de se rappeler ce passage, que nous avons reproduit plus haut [1], où Taine compare la Nature à une semeuse qui, d'un geste uniforme, puise ses graines dans sa besace pour les répandre à travers le temps et l'espace : les graines tombent de sa main, les talents et les génies sont donnés. Si les graines lèvent, nous dirons qu'elles sont le produit de la terre qui les a reçues ; si les talents s'épanouissent, nous dirons qu'ils sont le produit de la race qui les a fait éclore. Les dons qui se rencontrent dans la race anglo-saxonne en sont des produits, dans ce sens restreint et défini ; ce n'en sont pas des « provenances » comme le dit M. Lacombe. Le don de sympathie d'un Shakespeare est le produit de sa race, de son milieu et de son moment, parce que leur action a créé une température morale féconde pour l'épanouissement de cette graine intellectuelle qui est le don de sympathie, comme le don de logique passionnée d'un Milton est le produit de ses facteurs, parce qu'il a rencontré un terrain préparé par eux, fertile et propice à l'épanouissement de cette espèce de talents.

Pas plus qu'à l'explication de la nature des talents et des génies, Taine n'a prétendu que

[1]. Page 102.

sa théorie pût suffire à l'explication de ce qui constitue la personnalité des individus. Pourquoi Pierre Corneille avait-il un génie que n'avaient pas ses concitoyens, les bourgeois de Rouen, en 1625 ? Pourquoi Racine a-t-il été supérieur à ses contemporains ? Taine n'a jamais prétendu qu'il le fallût demander à sa théorie race-milieu-moment. Pourquoi une graine rare s'est-elle glissée dans la poignée que la Nature a répandue sur Rouen vers le XVII° siècle ? La question touche au problème le plus délicat de l'origine humaine. En tous cas, ce n'était pas à la théorie des facteurs primordiaux que Taine a prétendu imposer la mission de le résoudre. Cette théorie laisse toujours subsister une portion d'inexpliqué. Au terme d'une longue étude sur Saint-Simon, Taine écrivait : « Ainsi naissent les grands hommes, par hasard et par nécessité... [1] » : le hasard du geste de la grande semeuse, la nécessité des lois qui régissent l'éclosion de la graine, dans le sol où elle est tombée. Sa voisine, de même espèce peut-être, et de même qualité, connaîtra sans doute une autre destinée et un épanouissement différent, car « les circonstances qui façonnent une âme ne s'assemblent que pour elle seule, et les moules où

1. *Essais de Critique*, pp. 235-236.

la nature nous coule ne servent qu'une fois [1] ».

Ces circonstances sont infiniment nombreuses; aussi le nombre des combinaisons possibles est-il indéfini.

C'est en tenant compte de ce fait que Sainte-Beuve esquisse une critique très heureuse de la théorie des milieux. « Ce qu'il faut lui répondre, dit-il, quand il (Taine) s'exprime avec une affirmation si absolue, c'est que, entre un fait si général et aussi commun à tous que le sol et le climat, et un résultat aussi compliqué et aussi divers que la variété des espèces et des individus qui y vivent, il y a place pour quantité de causes et de forces plus particulières, plus immédiates, et tant qu'on ne les a pas saisies, on n'a rien expliqué.

« Il en est de même pour les hommes et pour les esprits qui vivent dans le même siècle, c'est-à-dire sous un même climat moral; on peut bien, lorsqu'on les étudie un à un, montrer tous les rapports qu'ils ont avec ce temps où ils sont nés et où ils ont vécu ; mais jamais si on ne connaissait que l'époque seule, et même la connût-on à fond dans ses principaux caractères, on n'en pourrait conclure à l'avance qu'elle a

---

[1]. *Essai sur Tite-Live*, p. 223.

dû donner naissance à telle ou telle *nature* d'individus, à telles ou telles formes de talents. Pourquoi Pascal plutôt que La Fontaine ? pourquoi Chaulieu plutôt que Saint-Simon ? On ignore donc le point essentiel de la difficulté ; le *comment* de la création ou de la formation, le mystère échappe [1]. »

Sainte-Beuve reproche donc à la théorie de Taine d'être incomplète : qu'on connaisse à fond l'état général des esprits et des mœurs d'un peuple à une époque donnée, on ne pourra *a priori* déterminer la nature des individus et la forme des talents qu'il fera naître, parce qu'il y a ici l'intervention de causes et de forces autres que le milieu, la race et le moment ; ceux-ci sont les facteurs lointains ; il y en a de plus immédiats et de plus particuliers.

La remarque est très juste : Taine n'a pas tenu compte de tous les éléments qui entrent en ligne de compte pour la résolution du problème: c'est pourquoi la loi qu'il a posée est trouvée si souvent en défaut.

Telle quelle, dans ses termes incomplets, elle est une formule qui classe *a posteriori*, qui or-

---

1. Sainte-Beuve, *Causeries du Lundi*. Extraits publiés par Gustave Lanson. Paris, Garnier, 1900, pp. 561-562.

ganise les données de l'histoire ; elle peut, à ce titre, rendre des services précieux [1].

N'a-t-elle aucune réalité ? Très loin de là ; mais elle ne désigne que les forces principales et les conditions lointaines ; son défaut consiste à ne pas tenir compte d'autres forces dont l'action vient parfois contrecarrer celle des premières. On constate ici une lacune qui se retrouve dans la plupart des lois historiques : elles n'ont pas égard à la liberté humaine. Nous n'ignorons pas que l'introduction de cet élément entraîne des conséquences nombreuses qui cadrent mal avec l'économie des systèmes dont ces lois sont le corollaire, et nous aurions à en démontrer le bien fondé, si nous voulions en tirer argument contre eux ; mais ces données dépassent la critique que nous esquissons ici sur les principes de la sociologie de Taine. Si nous y avons fait allusion, c'est que lui-même nous y a amené.

Taine est déterministe ; nous rapporterons plus loin ses principes en cette matière. Or, il affirme — nous l'avons vu plus haut — que la connaissance des lois de la nature, et plus particulièrement des lois qui régissent notre acti-

---

1. Cf. Raoul Blanchard, *La Flandre*. Etude géographique de la plaine flamande. Paris, Colin, 1906. On trouve dans cet ouvrage une très heureuse application de la méthode de Taine, pp. 7, 36-87, 411.

vité nous permet de modifier, jusqu'à un certain degré, les événements de l'histoire. Mais l'hypothèse déterministe admise, ce pouvoir de modifier les événements est un leurre, il n'a rien de réel. Qu'y a-t-il, en effet, de modifié par notre intervention dans la série des causes ? Les événements futurs de l'histoire ? Mais puisque notre intervention n'est pas libre, ces événement n'eussent pu être autres qu'ils auront été. Evidemment, si nous n'intervenons pas, ils ne pourraient pas être tels qu'ils seront par l'effet de notre intervention ; mais là n'est pas la question: il s'agit de savoir si nous pouvons *modifier* le cours des événements de l'histoire. Or, l'hypothèse déterministe admise, il y aurait contradiction à le soutenir. Assurément le déterminisme n'a pas égard seulement aux causes externes et matérielles ; il y en a d'internes et de psychologiques : les idées peuvent être des facteurs déterminants de nos actes. La science, la connaissance des lois, peuvent déterminer le sens de notre activité, nous faire intervenir dans la série des causes qui suscitent les événements de l'histoire. Mais puisque l'activité mentale de l'homme qui pense, ou du savant qui recherche les lois, est elle-même déterminée par des causes antérieures, et celles-ci par d'autres, où pourrait-on voir la possibilité d'une « modification » quelconque ? Nous ne modifions pas, par notre intervention, les événements de l'histoire ; nous les déterminons, sans doute, mais lorsque nous intervenons dans la série des causes, nous ne changeons pas la suite des effets. L'hypothèse déterministe exclut la liberté de cette intervention ; dès lors, cette intervention déterminée par des lois que nous subissons, détermine certains effets, sans doute, mais dans l'enchaînement nécessaire, inéluctable, de ceux-ci, il n'y a rien de *changé* ni de *modifié*.

Serait-ce le cours ordinaire de l'histoire qui se trouverait modifié par notre intervention ? Qu'est-ce que ce cours ordinaire de l'histoire, si ce n'est celui que nous avons constaté aux époques antérieures ? Dès lors, si nous affirmons notre pouvoir de le modifier dans l'avenir, nous ne faisons que trahir notre ignorance des lois qui nous régissent et que nous subissons.

Nous adressons donc à Taine un reproche d'illogisme. Déterministe, il a cédé, en exposant la valeur de sa loi sociologique, à « l'illusion de la liberté ». C'était par là même en trahir le défaut.

On pourrait dire de la loi des Facteurs Primordiaux, ce que Taine disait des principes de Spencer « qui sont des applications plus hardies de la loi de Darwin », et à laquelle lui-même s'est reporté :

« Il est vrai qu'un pareil procédé philosophique a des inconvénients. A mesure que, par cette construction, on pose un étage sur un étage, l'édifice devient plus chancelant ; on a échafaudé hypothèse sur hypothèse ; la première était à peu près solide, la dernière ne l'est plus du tout ; il y a là trop de matériaux douteux ; la fragilité de chaque assise est accrue de celle de toutes les autres... ; sans doute les choses ont pu se passer ainsi, mais elles ont pu se passer autrement... ; *la vérification décisive manque* [1]. »

Taine l'espérait-il, cette vérification décisive pour les principes de sa sociologie ? On ne pourrait le dire. Mais un esprit systématique comme le sien ne pouvait renoncer à la conception foncière de sa philosophie. « La grande affaire de l'esprit humain, pensait-il, quelque voie qu'il prenne, est partout la connaissance des lois et des causes ; il n'est pas content tant qu'il n'a pas démêlé dans l'amas des événements épars les puissances permanentes et génératrices qui

---

[1]. *Derniers Essais de Critique*. Herbert Spencer, pp. 200-201.

produisent et renouvellent le pêle-mêle changeant dont il est assailli. Il veut toucher les deux ou trois passions qui mènent l'homme, les quelques facultés maîtresses qui composent la race, les quelques circonstances générales qui façonnent la société et le siècle [1]. »

Rien de mieux, en effet ; mais la conjecture ne peut usurper les droits de la vérité.

1. *La Fontaine et ses Fables*, p. 159.

CHAPITRE V

L'HOMME. — LA PSYCHOLOGIE

Taine n'aimait guère les traités de philosophie. Il estimait que l'exposé d'un système ne peut être fait au début d'une carrière philosophique ; une vie humaine suffit à peine à réaliser le programme d'expériences et de recherches qu'il suppose. La doctrine ne peut venir qu'ensuite, comme le couronnement d'une œuvre, comme la systématisation des résultats de ces expériences et de ces recherches.

Très sincèrement, Taine a voulu se conformer à ce programme de vie. En fait, la conception de sa philosophie a précédé ses recherches expérimentales, et les résultats qu'il poursuivait devaient servir bien moins à édifier une doctrine nouvelle, qu'à confirmer des idées préconçues. Mais il avait l'illusion de n'avoir eu pour point de départ qu'une méthode. « Le point de départ de mes études n'est pas une conception *a priori*, une hypothèse sur la nature ; c'est une remarque toute expérimentale et très simple, à savoir que tout abstrait est un *extrait*, retiré et arraché d'un concret, cas ou individu, dans lequel il réside ; d'où il suit que pour le bien voir, il faut l'observer dans ce cas ou individu, qui est son milieu naturel... — La doctrine, si j'en ai une, n'est venue qu'ensuite ; la méthode a précédé [1]. »

Il s'agissait donc de replacer les « extraits » dans leur milieu naturel, de faire en quelque sorte des « monographies ». De là l'exposé très peu systématique de la philosophie de Taine ; le résultat de ses expériences, les idées générales qu'il en a induites, se trouvent répandues dans toute son œuvre, au terme d'un livre d'histoire, de critique ou même de fantaisie ; il faut tout lire pour connaître une partie quelconque de sa doctrine. Cependant, dans la longue série de ses ouvrages, il en est deux, *La Philosophie de l'Art* et *De l'Intelligence*, qui sont véritablement des traités. Le premier est

---

1. Lettre à M. Georges Lyon. *Vie*, Tome IV, pp. 332-333.

le résumé des leçons que Taine professa pendant vingt ans à l'Ecole des Beaux-Arts ; l'objet du second absorba, pendant la première partie de sa vie, le meilleur de ses préoccupations intellectuelles : la dédicace du livre porte que c'est l'ouvrage auquel il a le plus réfléchi.

La psychologie constituait, en effet, le centre, sinon le but, de toutes ses recherches. Il a dit lui-même qu'il n'avait jamais fait que de la psychologie appliquée ou pure [1]. Ses premières théories tendaient à l'explication de l'homme, dans le mystère de son origine, ou la variété de ses institutions : c'était la psychologie appliquée. Il fallait ensuite étudier l'homme dans sa constitution intime : c'était la psychologie pure, le point culminant des recherches, le dernier mot de l'explication totale. — Taine a condensé les résultats des expériences qu'il a notées pendant plusieurs années, après de longues séances aux cliniques de Paris, dans les deux volumes de l'*Intelligence*. Il avait longtemps nourri le projet de publier un ouvrage sur la volonté ; mais l'orientation intellectuelle nouvelle déterminée par les événements de l'Année Terrible, fit reculer l'exécution de ce

---

1. *Vie*, Tome IV, p. 333.

projet, et la mort le terrassa avant qu'il pût remettre la main à l'œuvre [1].

La conception fondamentale de sa psychologie est en parfaite harmonie avec le reste de sa doctrine. De même qu'il concevait le mouvement dans les corps bruts comme une sensation simplifiée et réduite, de même il estimait que la sensation dans les corps vivants est un mouvement complexe et qualifié. — « De l'analyse du mouvement, il suit qu'il n'est pas absolument hétérogène à la sensation » ; sensation et mouvement désignent deux aspects différents d'un même fait. « Cela admis, on pourrait embrasser la nature par une vue d'ensemble. Les séries simultanées d'événements successifs qui la composent seraient toutes homogènes. L'exemplaire nous en serait fourni par la sensation telle que nous l'observons en nous, et par les sensations élémentaires de plus en plus dégradées et simplifiées qui composent cette sensation totale ; à la *limite* extrême de simplicité, toutes se réduiraient à des mouvements, lesquels ne seraient eux-mêmes que des séries continues de sensations infinitésimales,

---

1. On a retrouvé dans ses papiers les notes qu'il avait réunies en vue de cet ouvrage sur la volonté. Elles ont été publiées dans la *Revue Philosophique* au mois de novembre 1900.

dépouillées de toute qualité et définissables seulement au point de vue de la quantité... A ce titre tous les faits ou événements de la nature pourraient se ramener à des mouvements, et nos sciences, ayant toutes pour objet le dégagement des éléments simples, pourraient toutes, comme en effet elles y tendent, se ramener à la mécanique [1]. »

Dans cette hypothèse, « tous les problèmes concernant un être quelconque, moral ou physique, seraient au fond des problèmes de mécanique [2] ».

Par les conclusions de sa cosmologie, Taine aboutissait à une extension de la psychologie ; la conception fondamentale de sa psychologie l'amenait à réduire toutes les sciences à la mécanique. Ce sont là deux conséquences du même principe sur l'identité de nature de la sensation et du mouvement. Et ce principe lui-même découle de la conception panthéiste qui est à la base du système. La vue d'ensemble sur la nature, induite des résultats de l'expérience, devait coïncider avec la vue d'ensemble déduite des premiers principes ; la méthode

---

1. *De l'Intelligence*, Tome II, pp. 117 et 119. Note.
2. *Ibidem*, p. 453. Note. — *Vie*, Tome III, pp. 238-39.

positiviste en psychologie poussait les conclusions jsqu'au seuil de la métaphysique.

La psychologie de Taine cadre donc parfaitement avec le reste du système ; les principes se poursuivent dans une harmonie parfaite. — De même qu'il n'y a rien de réel dans les corps que leurs mouvements, « il n'y a rien de réel dans le moi, sauf la file de ses événements ;... ces événements, divers d'aspect, sont les mêmes en nature et se ramènent tous à la sensation ;... la sensation elle-même considérée du dehors, et par ce moyen indirect qu'on appelle la perception extérieure, se réduit à un groupe de mouvements moléculaires [1] ».

L'objet propre de la psychologie est donc la *sensation*, puisque tous les événements psychologiques s'y réduisent ; et il faut l'étudier dans l'homme, parce que c'est chez lui que nous la trouvons dans son exemplaire le plus qualifié et qu'elle s'y offre aux prises de la méthode introspective.

Le moi sentant n'a d'autre réalité que celle de ses événements ; il n'est pas un principe substantiel dont les sensations seraient l'acte : « la substance spirituelle est un fantôme créé

---

1. *De l'Intelligence,* Tome I, p. 7.

par la conscience [1] ». Si l'on maintient le mot, il faut le définir ; la substance désigne l'ensemble primitif des qualités d'un être. Dès lors la substance spirituelle n'est que l'ensemble primitif des qualités de l'être sentant ou agissant, en l'espèce, des connaissances et des volitions. L'âme n'est pas « distincte des idées, sensations et résolutions que nous remarquons en nous... Les idées, sensations et résolutions, sont des tranches ou portions interceptées et distinguées dans ce tout continu que nous appelons nous-mêmes, comme le seraient des portions de planche marquées et séparées à la craie dans une longue planche. Nous ne disons point pour cela que le moi soit la collection et l'amas des idées, pas plus que nous ne disons que la planche est la collection et l'addition des morceaux de planche... Mais si tous les morceaux étaient enlevés, il n'y aurait plus de planche ; et si toutes les idées, sensations, résolutions disparaissaient, il n'y aurait plus de moi... Donc nos opérations et modifications sont des portions de nous-mêmes. Donc le moi n'est point une chose distincte, autre que les

---

1. *Ibidem*, p. 8.

opérations et modifications, cachée sous elles, durable en leur absence ¹ ».

Cependant nous avons tous une notion spontanée du moi comme de quelque chose de permanent : toutes les opérations que nous accomplissons, nous les rapportons à notre moi. Cette conviction spontanée est-elle tout à fait erronée ? Non, « illusoire au sens métaphysique, cette notion ne l'est pas au sens ordinaire ». Le moi désigne, en effet, « la possibilité permanente de certains événements sous certaines conditions, et la nécessité permanente des mêmes événements sous les mêmes conditions, plus une complémentaire, tous les événements ayant un caractère commun et distinctif, celui d'apparaître comme internes ². »

Evénements et possibilité permanente de ces mêmes événements, il n'y a rien d'autre dans le moi.

« Il faut laisser de côté les mots de raison, d'intelligence, de volonté, de pouvoir personnel et même de moi, comme on laisse de côté les mots de force vitale, de force médiatrice, d'âme végétative ; ce sont des métaphores litté-

---

1. *Les Philosophes classiques*, pp. 250-251. — *De l'Intelligence*, Tome I, pp. 344-345.
2. *De l'Intelligence*, Tome II, p. 217.

Taine.

raires ; elles sont tout au plus commodes à titre d'expressions abréviatives et sommaires pour exprimer des états généraux et des effets d'ensemble [1]. »

La psychologie humaine ne peut donc avoir d'autre objet que les opérations de l'âme qui sont toute l'âme ; il faut rejeter la conception spiritualiste qui considère ces opérations comme les actes passagers de quelque chose de permanent ; l'âme n'est qu'une série indivisée de phénomènes.

Nous avons vu que tous ces phénomènes se réduisent à la sensation : « les images et les idées n'en sont que les répétitions plus ou moins transformées et déguisées [2]. »

Il importe donc de bien définir la sensation et d'en démêler avec précision les caractères essentiels.

« La sensation est ce premier événement intérieur connu sans intermédiaire, accompagné d'images associées qui le situent, excité par un certain état des nerfs et des centres nerveux, état inconnu et qui d'ordinaire est provoqué en nous par le choc des objets extérieurs. »

La sensation est donc un phénomène inter-

---

1. *Ibidem*, Tome I, pp. 123-124.
2. *Ibidem*, Tome I, p. 166.

ne ; c'est le premier caractère : « la sensation appartient à nous et non à l'objet », tandis que la propriété perçue, *sentie*, appartient à l'objet et non à nous [1]. La sensation est l'intermédiaire par lequel nous percevons les objets extérieurs, mais dans la perception extérieure, ce que nous percevons directement, n'est pas l'objet extérieur, mais la sensation qu'il fait naître, ou le fantôme-simulacre dont la sensation est le « premier temps [2] ». Et de même que la sensation est interne, de même le simulacre qu'elle fait naître est interne ; il reproduit en nous l'objet extérieur. C'est pourquoi nous disons que « la perception extérieure est une *hallucination vraie*. A l'occasion d'une sensation naît une idée représentative, ou en d'autres termes, un simulacre que nous prenons pour l'objet, qui, comme l'objet, nous paraît extérieur et réel, dont la naissance coïncide avec la présence d'un objet réel et extérieur [3] ».

Parfois la sensation naît en l'absence d'un objet extérieur ; elle suscite dans ce cas un simulacre qui paraît réel, mais qui n'a pas de correspondant réel en dehors du sujet connais-

---

[1]. *Ibidem*, pp. 167-169.
[2]. *Ibidem*, Tome II, p. 71.
[3]. *Les Philosophes classiques*, pp. 44-45.

sant ; c'est là l'hallucination proprement dite. Mais que « la sensation soit maladive ou saine, spontanée ou forcée, née au dedans ou causée par le dehors, elle suscite toujours le simulacre d'un objet extérieur qui paraît réel... La perception extérieure est une représentation du dedans projetée et réalisée dans le dehors [1] ».

Dans les deux cas, le mécanisme est le même; nous prenons pour un objet extérieur et réel ce qui n'est qu'un simulacre interne. Et l'on pourra donc soutenir que lorsque la projection au dehors du simulacre interne coïncide avec la présence d'un objet extérieur et réel, la perception extérieure est une hallucination vraie.

Le second caractère de la sensation, c'est d'être distincte du groupe d'images qui s'associe à elle pour constituer la perception d'un objet, en lui attribuant une position à tel ou tel endroit du corps, à tel ou tel endroit en dehors de nous, « au loin, dans l'air, à la surface des objets extérieurs ». L'étude rigoureuse de la sensation exige, en effet, qu'on la distingue de « tous ces appendices que le temps vient souder » sur elle.[2]

La sensation est distincte aussi « de l'état du

---

1. *Ibidem*, p. 45 46.
2. *De l'Intelligence*, Tome II, pp. 168-169.

nerf et des centres nerveux, qui par leur ébranlement la font naître ».

Mais cette distinction n'est que provisoire ; la rigueur de la méthode exige qu'on laisse de côté cet état du nerf, « pour étudier d'abord la sensation à part ». Cette étude une fois faite, le problème se pose : le phénomène psychologique est-il réellement différent du phénomène physiologique, ou n'y a-t-il là que deux aspects différents d'un même phénomène ?

Taine avait résolu d'avance le problème ; nous trouvons ici des arguments en faveur de la solution que lui dictaient ses principes généraux. « Il se peut que la sensation et le mouvement intestin des centres nerveux ne soient au fond qu'un même et unique événement, condamné par les deux façons dont il est connu à paraître toujours et irrémédiablement double. »

Il se peut aussi que les deux phénomènes soient irréductibles l'un à l'autre : les deux hypothèses sont acceptables. Mais si nous choisissons la seconde, nous sommes obligés de rechercher l'explication de la dépendance entre les deux événements au delà de leur nature, puisque « leur nature ne fournit rien qui puisse fonder leur dépendance réciproque », au delà

— 134 —

même de la nature, puisque ces événements « font à eux deux toute la nature », par conséquent enfin « dans le surnaturel ». Or, « rien n'est moins conforme aux méthodes de l'induction scientifique [1] ».

Nous devons donc revenir à la première hypothèse ; plusieurs raisons militent d'ailleurs en sa faveur : d'abord, en soi, elle est aussi plausible que la première et elle a pour elle, « les analogies et quantité de précédents » comme tant d'autres théories physiques et psychologiques. En outre, « elle est aussi peu hypothétique que possible ». Enfin, « elle montre non seulement que les deux événements peuvent être liés entre eux, mais encore que toujours et forcément ils doivent être liés entre eux...

« Nous sommes donc autorisés à admettre que l'événement cérébral et l'événement mental ne sont au fond qu'un seul et même événement à deux faces, l'une mentale, l'autre physique, l'une accessible à la conscience, l'autre accessible aux sens [2] ».

Tels sont les caractères de la sensation : elle

---

1. *De l'Intelligence*, Tome I, pp. 327-328. — *Vie*, Tome III, p. 255.
2. *Ibidem*, pp. 328-329. — *Vie*, Tome II, p. 183. — *Derniers Essais de Critique*, p. 187.

est un événement interne, distincte des images qui s'associent à elle pour constituer la perception extérieure, qui est une hallucination vraie ; elle est l'une des faces d'un phénomène dont l'autre face est l'ébranlement du nerf et le jeu des centres nerveux.

Mais la sensation n'est pas un élément quelconque de notre activité mentale : elle en est l'élément primordial ; elle constitue le rouage le plus important de notre mécanisme intellectuel. C'est elle que nous retrouvons à la base de nos idées les plus abstraites, non seulement pour les conditionner, mais pour les former.

Tout le mécanisme de l'intelligence se ramène à une opération relativement simple : la substitution. Cette opération se fait à plusieurs degrés, successivement, et finit par constituer une hiérarchie de *signes* substitués. « Un signe est une expérience présente qui nous suggère l'idée d'une expérience possible [1]. »

La première substitution est celle de l'image à la sensation. L'image est la répétition ou la résurrection de la sensation, et en la ressuscitant, elle la remplace ; elle est son substitut et par conséquent son signe. En effet, l'image,

1. *De l'Intelligence*, Tome I, p. 25.

« avec des stimulants physiques différents, et un réducteur spécial, a la même nature que la sensation. Elle est la sensation elle-même, mais consécutive ou ressuscitante, et, à quelque point de vue qu'on la considère, on la voit coïncider avec la sensation [1]. » L'image n'est donc, en quelque sorte, qu'une sensation passée ; elle supplée à son absence. Aussi n'est-elle pas un échelon indispensable dans l'échelle des substitutions successives, ou tout au moins de certaines substitutions ultérieures.

La deuxième substitution est celle des noms communs et généraux, des mots, à l'image ou à la sensation. On peut y substituer d'autres signes, mais le nom est le signe le plus commode et celui qu'en fait les hommes utilisent toujours. A la sensation ou à l'image, je substitue un nom propre qui désigne toute la sensation ou toute l'image [2]. Le nom propre est donc une expérience présente, qui nous suggère l'idée d'une expérience possible, c'est-à-dire celle de la sensation ou de l'image désignée par le nom ; celui-ci en est donc le substitut, le signe. Un nom commun est aussi un signe,

---

1. *Ibidem*, pp. 125-127.
2. *Ibidem*, pp. 27 à 29.

mais il est le « substitut d'une expérience impossible [1] ».

Il désigne, en effet, une qualité générale à plusieurs objets ; le mot arbre désigne l'élan du tronc et l'épanouissement des branches, caractères propres à tous les arbres et distinctifs d'eux-mêmes ; lorsque je prononce le nom d'arbre, je n'ai pas en moi la représentation sensible de l'arbre abstrait. Le nom commun arbre est donc le substitut d'une expérience impossible [2].

Quand nous voyons une série d'objets semblables, il naît en nous une série « d'innombrables petites émotions qui, au terme de notre examen prolongé, se résument en une impression d'ensemble, par suite en une poussée finale, en une tendance définitive... qui provoque une expression, et entre autres expressions, un nom [3] ».

C'est là le mécanisme par lequel se forment nos idées générales : « quand nous pensons à une qualité générale, il n'y a en nous qu'une tendance à nommer et un nom...

« Une idée générale n'est qu'un nom pourvu

---

1. *De l'Intelligence*, Tome I, p. 33
2. *Ibidem.*, p. 36.
3. *Ibidem*, pp. 40 41.

de deux caractères. Premier caractère : la propriété d'être évoqué par la perception de tout individu de la classe. Second caractère : la propriété d'évoquer en nous les images des individus de cette classe et de cette classe seulement [1] ».

Le nom est un signe, c'est-à-dire qu'il se substitue à la qualité générale qu'il exprime ; il est l'aboutissant d'une tendance que fait naître en nous la vue de plusieurs objets présentant des caractères communs. Au premier stade de cette élaboration, le nom commun ne désigne qu'une qualité générale ; mais peu à peu, grâce à des expériences variées et nombreuses, « les noms se remplissent », deviennent plus compréhensifs ; tout d'abord nous ne remarquions dans l'objet abstrait désigné par le nom commun, qu'une qualité ; l'expérience nous amène à en reconnaître plusieurs, et le nom commun qui n'était que général, devient de plus *collectif:* « il correspond, non plus à une qualité abstraite, mais à un groupe de qualités abstraites ».

Mais il n'y a là toujours qu'une substitution simple ; après la substitution de l'image à la sensation, du signe verbal à l'image ou à la

---

[1]. *De l'Intelligence*, Tome I, pp. 51-52.

sensation, il y a la substitution du signe verbal à un autre signe verbal. Pour l'acquisition de certaines idées générales, il nous faut, en effet, recourir à cette substitution à plusieurs degrés. « Il y a des choses dont nous ne pouvons avoir expérience ; or, puisque ce sont les expériences qui, par leur caractère commun, éveillent en nous une tendance distincte, et ce nom que nous appelons une idée, il semble que nous ne devons jamais avoir une idée de ces choses-là. Nous en avons cependant une idée très exacte et très nette. » C'est qu'ici notre mécanisme intellectuel travaille « non plus par une substitution simple, mais par une série de substitutions [1] ». Soit, par exemple, le nombre 36 ; il est évidemment trop élevé pour que nous puissions avoir une expérience simultanée, distincte et claire des 36 unités qui le composent ; la tendance à nommer et le nom, ne surgiront pas. Il faut donc procéder ici par une voie détournée. Le nombre 4, et peut-être le nombre 6, dont nous pouvons avoir l'expérience simultanée, claire et distincte des unités qui les composent, provoquent en nous une tendance à nommer et un nom : 4 ou 6. Ce

---

1. *De l'Intelligence*, Tome I, pp. 56 à 60.

sont deux signes que je manie fort commodément ; j'ajoute une unité : en moi naît une tendance à nommer et un nom : 5 ou 7. Voilà deux nouveaux signes ; je continue l'opération de la même façon, substituant à tout signe augmenté d'une unité, un nouveau signe, jusqu'à ce que j'arrive au signe 36. Grâce à une substitution à plusieurs degrés, je suis arrivé à faire naître en moi une tendance à nommer et le nom correspondant à une qualité générale qui, de prime abord, ne pouvait faire naître en moi le nom qui pût l'exprimer.

Par le même procédé, nous parvenons à nous faire une idée des objets de la géométrie et des séries infinies [1]. Grâce à lui, « il semble que les choses les plus éloignées de l'expérience et les plus inaccessibles à toute expérience nous soient présentes ; ce qui nous est présent, c'est un nom, substitut d'un caractère abstrait, qui, lui-même, est le substitut de la chose, souvent à travers plusieurs intermédiaires, jusqu'à ce que, par une série d'équivalents, la chaîne rejoigne l'objet lointain que directement nous n'atteignons pas ».

Mais ne nous imaginons pas qu'il y ait là

---

1. *Ibidem*, pp. 60 à 66.

plus qu'un mot, et gardons-nous de penser que nous avons « par delà nos mots généraux, des idées générales ». C'est en vertu d'une illusion psychologique que nous distinguons l'idée du mot : nous oublions le mot pour ne plus considérer que le sens du mot. « Cette erreur de conscience est très fréquente et dérive d'une loi générale. Dans une impression ou groupe d'impressions qui se présente un grand nombre de fois, notre attention finit par se porter tout entière sur la portion intéressante et utile ; nous négligeons l'autre, nous ne la remarquons plus ; nous n'en avons plus conscience ; quoique présente, elle semble absente...

« Quand il s'agit de mots, nous pouvons marquer les divers degrés de cet effacement. Si une page est manuscrite, nous en comprenons le sens plus difficilement que si elle est imprimée ; notre attention se porte en partie sur la forme extérieure des caractères, au lieu de se porter tout entière sur le sens qu'ils ont ; nous remarquons dans ces signes, non seulement leur emploi, mais encore leurs particularités personnelles. Mais, au bout d'un temps, celles-ci ne nous frappent plus ;... dès lors dans le manuscrit comme dans l'imprimé, il nous semble que nous ne suivons plus des mots, mais des idées pures [1]. »

L'idée générale n'est donc qu'un mot général, et nos pensées les plus abstraites ne sont donc, en dernière analyse, que des résidus de sensations.

Nous avons ainsi déterminé tous les éléments de nos connaissances ; mais après avoir recherché le processus de la formation de nos idées, il nous reste une seconde recherche à faire. « Dans la nature, les caractères généraux ne sont pas détachés les uns des autres ; quel que soit celui que nous ayons noté, nous ne manquons jamais de le trouver lié à quelque autre. De fait, l'un entraîne l'autre, ou du moins tend à l'entraîner. Tantôt c'est le premier qui entraîne le second, tantôt c'est le second qui entraîne le premier, tantôt c'est chacun d'eux qui entraîne l'autre. Dans tous ces cas, les deux caractères forment un *couple*, et ce couple s'appelle une loi. Penser une loi, c'est lier ensemble deux idées générales ; en d'autres termes, c'est former un jugement général ; en d'autres termes encore, c'est énoncer mentalement une proposition générale. Nous allons

1. *De l'Intelligence*, Tome I, pp. 67 à 71. — *Vie*, Tome III, p. 235.

chercher comment nous parvenons à lier ces idées, à former ces jugements, à énoncer mentalement ces propositions [1]. »

Il s'agit donc de déterminer la cause de nos associations d'idées. Le problème est d'une importance capitale.

Nous formulons en effet des axiomes, « qui s'appliquent non seulement à tous les cas observés, mais à tous les cas sans exception possible ; d'où il suit que de leur valeur dépend la portée de la science humaine. Mais leur valeur dépend de leur origine ; il est donc essentiel de savoir où elles naissent et comment elles se forment. A ce sujet, deux écoles originales et encore vivantes, font deux réponses opposées ». Ces deux écoles sont celles de Kant et de Stuart Mill. Après avoir exposé ces deux solutions, Taine prend position contre chacune d'elles.

« Voilà deux conceptions grandioses, et les puissants esprits qui les ont formées sont dignes d'admiration et de respect ; mais il faut sonder le fondement sur lequel ils les ont bâties, et, à mon avis, ce fondement n'est pas solide. — Selon Kant, il n'y a pas de con-

---

[1]. De l'Intelligence, Tome II, pp. 300-301.

nexion nécessaire entre les deux données ; s'il y a une connexion invincible entre les deux idées correspondantes, la cause en est non dans la structure des données, mais dans la structure de notre esprit. Avec Kant, nous constatons une liaison invincible entre les deux idées. Mais, entre les deux données que ces idées ont pour objet et auxquelles il refuse toute liaison intrinsèque, nous avons démêlé une liaison intrinsèque ; car la première, d'une façon latente, contient la seconde ; d'où il suit que, le contenu ne pouvant être séparé du contenant, la liaison qui est insurmontable entre nos idées est indestructible entre leurs objets. — Selon Stuart Mill, qu'il y ait ou non connexion entre les deux données, nous sommes incapables de la connaître ; car les deux données ne sont liées que par induction ; et l'induction ne peut constater entre elles qu'une rencontre constante, c'est-à-dire une association de fait. Avec Stuart Mill, nous admettons que, à l'origine et dans beaucoup d'esprits, elles ne sont liées que par induction ; mais nous avons prouvé qu'elles peuvent l'être encore autrement ;... l'on forme par analyse la proposition qu'on a formée d'abord par induction. — Grâce à ce second procédé, la portée de notre esprit s'accroît à l'infini. Nous ne sommes plus capables seulement de connaissances relatives et bornées ; nous sommes capables aussi de connaissances absolues et sans limites ; par les axiomes et leurs suites, nous tenons des données qui non seulement s'accompagnent l'une l'autre, mais dont l'une enferme l'autre... Puisque... les deux données sont telles, que la première enferme la seconde, nous établissons par cela même la nécessité de leur jonction ; partout où sera la première, elle emportera la seconde, puisque la seconde est une partie d'elle-même et qu'elle ne peut se séparer de soi... Leur liaison est donc absolue et universelle, et les propositions qui les concernent ne souffrent ni doutes, ni limites, ni conditions, ni restrictions [1]. »

Les idées sont donc associées, selon Taine, en vertu d'une connexion nécessaire ; nos axiomes, nos propositions générales, nos lois sont le fruit d'une analyse : l'un des deux termes est contenu dans l'autre, et la nécessité qui nous les fait réunir dans un *couple* est la nécessité du principe d'identité.

Et ceci nous amène à examiner la psychologie de Taine au point de vue critériologique.

---

[1] *De l'Intelligence,* Tome II, pp. 370 à 381. — Le même passage se trouve dans le tome V de l'*Hist. Litt. Anglaise,* pp. 405-406.

La théorie sur la formation des idées semblait imposer des conclusions subjectivistes. Et en effet, si tous les éléments de nos connaissances se ramènent en dernière analyse à la sensation, qui elle-même est un simulacre *interne*, simplement représentatif de l'objet extérieur, n'est-il pas naturel de conclure que nos connaissances n'ont qu'une valeur relative, puisque nous n'atteignons pas les choses elles-mêmes, et que nous sommes dès lors impuissants à contrôler l'exactitude de ces fantômes qui les reproduisent en nous.

Le subjectivisme et le scepticisme eussent été, sans doute, dans la logique du système. Mais nous n'avons à examiner ici que les conséquences que Taine a, en fait, prétendu déduire de ses principes.

Or, Taine est nettement objectiviste ; il le trahissait rien qu'à définir la perception extérieure une hallucination *vraie* ; il entend par hallucination vraie, celle qui correspond aux choses extérieures. « Par vérité d'une perception — écrivait-il — j'entends sa convenance avec son objet ; je veux dire qu'elle soit subjectivement ce que l'objet est en soi [1]. » — Dès lors l'hallu-

---

1. *Vie*, Tome I, p. 116.

cination est vraie, lorsque le simulacre qui la suscite reproduit fidèlement l'objet extérieur.

Assurément le problème est délicat : nous n'atteignons pas les choses en soi, mais seulement des fantômes internes substituts des choses à connaître. Nous sommes donc dans l'illusion lorsque nous croyons saisir les choses elles-mêmes. Mais par un « mécanisme admirable qui nous trompe pour nous instruire, et nous conduit par l'erreur à la vérité [1] », nous avons des connaissances conformes aux choses : « par cette correspondance, les événements du dedans cadrent avec ceux du dehors, et les sensations, qui sont les éléments de nos idées, se trouvent naturellement et d'avance ajustées aux choses, ce qui permettra plus tard à nos idées d'être conformes aux choses et partant vraies [2]. » La certitude est donc possible et nous sommes assurés que nous connaissons les choses telles qu'elles sont.

Taine n'indique pas quels sont les fondements de cette certitude, *comment* s'établit la correspondance rigoureuse entre la connaissance et la chose, quels sont les moyens dont nous disposons pour contrôler nos hallucinations et

---

1. *De l'Intelligence*, Tome II, p. 192.
2. *Ibidem*, Tome I, pp. 235-236.

faire le départ entre les hallucinations vraies et les vraies hallucinations ; il se contente d'affirmer sans tenter une explication. Il professe ici une sorte de confiance dogmatiste : il *croit* à l'excellence de notre mécanisme intellectuel, et il en fait profession : « Je crois que la science absolue, enchaînée, géométrique est possible [1]. »

« La vérité ne me fuit pas, j'en tiens le principe ; je n'ai pas l'explication universelle, mais j'ai le principe de cette explication, et sans plus douter, ni flotter, j'avance tous les jours dans la connaissance de la vérité. Je vois, je crois, je sais. Je crois de toute la puissance de mon être ; je ne puis pas ne pas croire, puisque toutes les certitudes logiques, psychologiques, métaphysiques se réunissent pour m'affermir dans l'absolue certitude où j'ai trouvé le parfait repos...

J'ai voulu *plus* que de la géométrie et je l'ai [2]. »

Il est assez étrange d'entendre un des initiateurs de la psychologie expérimentale, — c'est-à-dire d'une méthode nouvelle en psychologie, à laquelle on doit des découvertes précieuses, mais qui laisse entrevoir tant d'horizons incon-

[1]. *Vie*, Tome I, p. 47.
[2]. *Vie*, Tome I, pp. 71-72.

nus, — affirmer avec une confiance absolue, des conclusions lointaines et encore à venir. C'est que, sous le psychologue, reparaissait le panthéiste, le croyant de la science : la nature est une pure loi abstraite, et tout ce qui nous rapproche de la connaissance de cette loi nous rapproche de la possession du dernier pourquoi des choses ; à chaque tournant de la science, nous l'apercevons d'un peu plus près.

⁂

Après avoir étudié l'intelligence, il fallait étudier la *volonté ;* l'activité psychologique n'est pas seulement cognitive, elle est aussi volitive. Nous avons dit que Taine n'a pu mettre à exécution le projet longtemps nourri, d'écrire un ouvrage sur la volonté qui aurait constitué le pendant de l'*Intelligence*. Toutefois les notes réunies dans cette intention, et quelques passages épars dans son œuvre, suffisent à nous faire saisir dans les grandes lignes sa théorie sur la volonté.

Nous retrouvons ici une conception analogue à celle qui domine l'*Intelligence*. L'âme humaine n'est qu'une série indivisée de phénomènes : et de même que l'intelligence n'est qu'un mot ou une étiquette désignant l'ensemble des connaissances, de même la volonté n'est qu'une étiquette désignant l'ensemble des volitions. Ici comme là, il n'y a pas de faculté au sens où l'entendent les spiritualistes : si on conserve le mot, il faut le définir comme on l'a défini plus haut : une faculté est une possibilité permanente de certains événements sous certaines conditions [1]. « Ni la volonté, ni la résolution, ni son efficacité, ni aucune force ne sont des êtres... Il n'y a dans le monde que des faits et des rapports nécessaires » ; la volonté en exercice n'est qu'un cas particulier des liaisons générales et nécessaires que nous constatons entre deux faits ou événements [2].

Lorsque nous analysons les faits, nous constatons, en effet, que nos déterminations sont des états d'âme qui provoquent certains actes ; la volonté ou le pouvoir personnel « n'est que la force prédominante d'une idée... la qualité périssable d'une idée périssable [3]. »

A côté des sensations « cognitives », il y a des sensations « impulsives », capables de trans-

---

1. *Hist. Litt. Angl.*, Tome V, pp. 395-397. — *De l'Intelligence*, Tome II, pp. 201 à 206.
2. *Les Philosophes classiques*, pp. 72-73. — *De l'Intelligence*, Tome I, pp. 337-342. — Tome II, pp. 305-306.
3. *Les Philosophes classiques*, pp. 245-246.

mettre à leurs dérivées, images ou idées, cette qualité impulsive dont elles sont nanties. Cette force impulsive est une tendance qui affecte toutes les sensations, à des degrés d'intensité très divers : à peu près nulle dans les sensations qu'on pourrait appeler « cognitives pures », très puissante dans les sensations « impulsives pures ». — Ce sont là les deux échelons extrêmes ; la force impulsive affecte nos sensations à tous les degrés de cette échelle.

Une autre échelle graduée s'établit au même point de vue de la force impulsive entre les sensations et leurs dérivées : cette force va en décroissant de la sensation ou perception actuelle, aux simulacres ou images, de ceux-ci aux idées abstraites ou noms généraux, de celles-ci aux idées abstraites pures. Toujours au même point de vue, on remarque que l'élément de nos sensations qui concerne le futur prime l'élément qui concerne le passé, et que le présent prime le futur et le passé.

La force impulsive s'accroît encore du caractère des circonstances dans lesquelles elle naît, c'est-à-dire de l'actualité de nos représentations, de la probabilité ou de la certitude des événements qu'elles annoncent, de la précision avec laquelle elles apparaissent, de l'attention du sujet, du rapport qui existe entre le sujet et la représentation : lorsque celle-ci sera le fruit d'une expérience personnelle, elle aura évidemment une force impulsive plus déterminante qu'un banal lieu commun [1].

L'attention que le sujet prête à ses représentations peut jouer un rôle important à ce point de vue, et sa concentration sur une tendance impulsive quelconque peut renverser l'ordre établi dans la prédominance objective des tendances. Mais en général, cet ordre se maintient dans ce conflit incessant de tendances qu'est pour tout homme le cours ordinaire de la vie : l'image prédomine sur l'idée abstraite, la sensation prédomine sur l'image, et la tendance prédominante se fixe, tantôt sans conflit, tantôt après conflit ; la fixation de la tendance se traduit par une action immédiate ou éloignée, accidentelle ou continue ; dans ce cas les actions ordonnées en vue de cette fin éloignée, de moyens qu'elles étaient, deviennent des buts successifs.

Nous touchons au terme de cette recherche sur la nature de nos déterminations : la tendance fixée et définitive est ce qu'on ap-

---

[1]. *Revue Philosophique*, Novembre 1900. II. Taine, Notes sur la volonté, pp. 442 à 490. — Nous en donnons ici le résumé.

pelle une *volition*, une résolution, et la volonté chez l'homme n'est que la possibilité permanente de la fixation des tendances prédominantes.

Dès lors, c'est une erreur d'affirmer que l'homme *se* détermine ; il est déterminé. Tous ses actes sont le résultat des tendances que font naître en lui ses connaissances : la force impulsive que chacune d'elles possède, entre en conflit avec ses voisines : la détermination résulte de l'état d'équilibre momentané que provoque l'intervention d'une tendance prédominante qui se fixe définitivement.

Cette théorie sur la volonté rencontre de front la doctrine spiritualiste sur le Libre Arbitre, qui affirmerait, selon Taine, que la volonté est la faculté pure de produire des résolutions.

Voici quelques arguments invoqués par Taine à l'appui de son déterminisme. Nous constatons par expérience que « c'est la force du désir qui fixe le désir [1]. » Or, qu'est-ce qui constitue la force du désir, sinon la force impulsive de la sensation ou de l'idée qui le fait naître ? L'homme est une mécanique dont les ressorts ont des poussées antagonistes et sa

---

1. *Revue Philosophique*, op. cit.

conduite est fixée mathématiquement selon les différences d'énergie de ces ressorts : il n'intervient pas dans le conflit de ses tendances par l'exercice d'une faculté qui pourrait choisir l'une d'entre elles.

Par induction, nous arrivons à la même conclusion ; l'histoire nous montre en effet que les passions mènent l'homme. Ses actions sont déterminées par des tendances dont il n'est pas le maître. Le fond même de sa nature, c'est « cette couvée des passions secrètes, souvent malfaisantes, ordinairement vulgaires, toujours aveugles, qui frémissent et frétillent en nous, mal recouvertes par le manteau de décence et de raison sous lequel nous tâchons de les déguiser ; nous croyons les mener, elles nous mènent ; nous nous attribuons nos actions, elles les font. Il y en a tant, elles sont si fortes, si entrelacées les unes dans les autres, si promptes à s'éveiller, à s'élancer et à s'entraîner que leur mouvement échappe à tous nos raisonnements et à toutes nos prises [1]. »

Enfin, voici une preuve *à priori :* la raison d'une chose étant la présence d'un fait ou qualité quelconque, — le principe de raison suffisante ne souffre aucune exception — il en ré-

---

1. *Hist. Litt. Angl.,* Tome IV, p. 128.

sulte que ce fait ou cette qualité étant donné, l'événement suit nécessairement. Dès lors la doctrine du Libre Arbitre doit aboutir à une contradiction ; car si l'événement pouvait surgir ou ne pas surgir, ayant surgi il serait sans raison, puisqu'il pouvait aussi ne pas surgir. Nous ne sommes donc pas libres, et s'il s'est trouvé des philosophes pour défendre la liberté humaine, c'est qu'ils se sont laissés prendre à une illusion psychologique : nous *croyons* à la liberté, nous avons l'illusion d'êtres libres et maîtres de nos actes, parce que, dans nos suppositions, nous faisons abstraction de la force inégale de nos tendances ; nous croyons pouvoir accomplir les actions contradictoires de celles que nous accomplissons, parce que nous avons cessé de considérer les conditions qui, de fait, déterminent la possibilité de nos actes. L'argument de conscience invoqué par les spiritualistes n'est donc pas recevable : il se base sur notre illusion de la liberté. En réalité, dans le monde moral comme dans le monde physique tout est déterminé : « le fond de l'homme ce sont des impulsions irrésistibles [1]. »

---

1. *Philosophie de l'Art*, Tome II, p. 110. — *Vie*, Tome II, pp. 121-122. — *Hist. Litt. Angl.*, Tome I, p. xv. — Tome II, pp. 39 et 89. — Tome V, p. 156.

La machine humaine joue fatalement ; nous sommes le jouet de lois immuables qui nous enveloppent et nous maîtrisent [1].

⁂

Il semble que l'enquête psychologique entreprise par Taine, soit complète par ces études minutieuses sur l'intelligence et sur la volonté. Elle permet en effet, une vue d'ensemble sur notre organisation mentale. « Un flux et un faisceau de sensations et d'impulsions, qui, vus par une autre face, sont aussi un flux et un faisceau de vibrations nerveuses, voilà l'esprit. Ce feu d'artifice, prodigieusement multiple et complexe, monte et se renouvelle incessamment par des myriades de fusées ; mais nous n'en apercevons que la cime. Au dessous et à côté des idées, images, sensations, impulsions éminentes dont nous avons conscience, il y en a des myriades et des millions qui jaillissent et se groupent en nous sans arriver jusqu'à nos regards... »

L'être moral est une gerbe lumineuse, composée d'une « infinité de fusées, toutes de même

---

1. *Thomas Graindorge*, p. 265. — *Nouveaux Essais de Critique*, pp. 15-16.

espèce, qui, à divers degrés de complication et de hauteur, s'élancent et redescendent incessamment et éternellement dans la noirceur du vide... [1]. »

Mais si nous connaissons la nature de ces fusées, il nous reste à rechercher la manière dont elles se réunissent pour former cette gerbe lumineuse qui est nous-mêmes. Les opérations de l'âme forment un ensemble organisé et coordonné, de telle sorte que chaque être moral présente des caractères propres, et constitue une individualité distincte. D'où provient cette orientation permanente qui se dessine dans la trame de nos opérations ?

« Y a-t-il en nous une faculté maîtresse, dont l'action uniforme se communique différemment à nos différents rouages, et imprime à notre machine un système nécessaire de mouvements prévus ? [2] »

Oui, il y a dans chaque individu une faculté maîtresse qui imprime à son activité psychologique un mouvement d'ensemble, c'est-à-dire

---

[1]. *De l'Intelligence*, Tome I, pp. 7 et 9.
[2]. *Essai sur Tite-Live*, Préface, pp. vii-viii. — La théorie de la « faculté maîtresse » est considérée généralement comme le principe de la Critique de Taine. Nous pensons que l'étude de cette théorie doit rentrer dans l'examen de sa psychologie : car si elle sert comme *méthode* de critique, elle est avant tout une doctrine psychologique.

qu'il y a dans chacun de nous un certain *état psychologique* résultant d'un certain genre de goût et de talent, d'une certaine disposition d'esprit et d'âme, de ce « cortège de préférences et de répugnances, de facultés et d'insuffisances » qui constituent la tournure de son esprit et la qualité de son caractère. Cela ne veut pas dire que l'âme soit autre chose que l'ensemble de ses opérations et de ses facultés, qu'elle possède une faculté générale qui organisât ses mouvements et ses actes ; mais ces opérations et ces facultés s'organisent d'elles-mêmes : « les choses morales ont, comme les choses physiques, des *dépendances et des conditions* [1]. » Les qualités d'une âme dépendent les unes des autres ; l'une d'elles étant donnée, les autres ne peuvent être différentes ; si l'une varie, les autres varient d'une façon proportionnelle ; partant, elles forment un système comme un corps organisé, elles s'enchaînent et se conditionnent mutuellement.

Pour s'en convaincre, il suffit de regarder autour de soi ; celui qui prend la peine de noter les caractéristiques d'un esprit, non seulement « aura le sentiment vague de cet accord mutuel

---

1. *Essais de Critique*, Préface, pp. viii-ix.

qui harmonise les diverses facultés d'un esprit, mais encore il en aura la perception distincte ; il pourra prouver par voie logique que telle qualité, la violence ou la sobriété d'imagination, l'aptitude oratoire ou lyrique, constatée sur un point doit étendre son ascendant sur le reste. Par un raisonnement continu, il reliera aussi les divers penchants de l'homme qu'il examine, sous un petit nombre d'inclinations gouvernantes dont ils se déduisent et qui les expliquent, et il se donnera le spectacle des admirables nécessités qui rattachent entre eux les fils innombrables, nuancés, embrouillés de chaque être humain [1]. »

Cette recherche sur la faculté maîtresse nous permet de saisir dans leur ensemble les mouvements de notre mécanisme cérébral, de suivre jusqu'au bout le processus des opérations de l'intelligence. Dès lors, l'étude est complète, et nous pourrons rattacher les lois de notre activité psychologique à l'économie générale des lois de l'univers. L'unité foncière de la nature nous apparaîtra une nouvelle fois, lorsque nous aurons compris que la psychologie humaine n'est qu'un chapitre des sciences naturelles

---

1. *Essais de Critique*, Préface, pp. x-xi.

puisque « les mouvements de l'automate spirituel qui est notre être, sont aussi réglés que ceux du monde matériel où il est compris [1]. »

L'homme se sentira plus près de la nature, et il comprendra pourquoi, à certaines heures, son âme rentre si aisément « dans sa patrie primitive, dans l'assemblée silencieuse des grandes formes, dans le peuple paisible des êtres qui ne pensent pas [2]. »

***

Si l'on avait demandé à Taine, quel est celui de ses livres qu'il se félicitait le plus d'avoir écrit, il aurait, sans nul doute, désigné l'*Intelligence*. Il n'est pas d'ouvrage, en effet, qui ait absorbé davantage les préoccupations de sa jeunesse studieuse, et les réflexions de sa vie de philosophe et de savant. M. Victor Giraud dit très bien : « en un certain sens, c'est à l'*Intelligence* qu'aboutit toute l'œuvre de Taine, toute son œuvre antérieure du moins ; s'il était mort à cette date, ce livre eût été comme son testament intellectuel ; et, à la joie qu'il éprouva de l'écrire, au soin qu'il mit à en retoucher, à en augmen-

---

1. *Essai sur Tite-Live*, Préface, p. vii.
2. *Essais de Critique*, p. 301.

ter — jusqu'à la fin — les éditions successives, on devine que cette œuvre était bien son œuvre de secrète prédilection, celle à laquelle, à la veille même de sa mort, il eût peut-être sacrifié sans hésiter, s'il l'avait fallu, tout le reste, et la *Littérature Anglaise*, et les *Origines* elles-mêmes [1]. »

Et cependant, nous ne croyons pas que cette œuvre soit destinée à assurer, dans l'avenir, le renom philosophique de son auteur. Loin de nous la pensée de nier sa valeur, de contester le mérite très réel qu'elle a eu à certains points de vue. Mais elle n'a eu qu'une utilité passagère, toute relative, sans avoir d'autre part, acquis à la science des résultats définitifs et certains.

Certainement Taine a très heureusement combattu l'influence de l'école ultra-spiritualiste qui régnait en maîtresse incontestée en France vers le milieu du XIX⁰ siècle [2]. Il a imprimé une direction nouvelle à la psychologie, par la divulgation d'une méthode féconde qu'il avait empruntée principalement à l'école anglaise. A sa suite, il a poussé l'étude de la psychologie dans un sens expérimental ; Stuart Mill, Herbert

---

1. Victor Giraud, *Essai sur Taine*, pp. 80-81.
2. Lucien Lévy-Bruhl, *History of Modern Philosophy in France*. London, Kegan-Trenéh and C⁰, 1899, pp. 431.

Spencer, Alexandre Bain, étaient les promoteurs de cette psychologie expérimentale, c'est-à-dire de cette méthode nouvelle en psychologie — et que Taine adopta avec enthousiasme, — « qui laisse de côté comme un vieux bagage inutile la question des forces, facultés, substances spirituelles et autres entités vides, et qui assure chacun de ses pas par le contrôle constant de la physiologie et de la pathologie. La science de l'esprit ne va point sans celle du système nerveux ; la science de l'esprit sain ne va point sans celle de l'esprit malade ; la Salpêtrière et l'amphithéâtre de vivisection sont des succursales indispensables au cabinet du psychologue ; ajoutez-y l'histoire des animaux et des diverses races humaines, par suite l'histoire de l'intelligence et des instincts. L'esprit n'est pas une monade isolée, mais la plus haute fleur d'un grand arbre aux milliers de branches ; pour comprendre la fleur, il faut connaître l'arbre [1]. »

Cette méthode a été appliquée d'un bout à l'autre de l'*Intelligence*, et elle y eût, sans doute, été féconde en résultats précieux, si Taine avait toujours pris soin de lui conserver son véritable caractère. Mais il a prétendu écarter en

---

1. *Derniers Essais de Critique*, p. 201.

psychologie tout ce qui échappait aux prises directes de la méthode expérimentale, niant trop souvent ce que l'efficacité limitée de ses procédés ne lui permettait pas d'atteindre. Que la sincérité du procédé expérimental oblige à laisser de côté la question des forces, facultés, substances spirituelles, non pas comme un vieux bagage inutile, mais comme une entrave à la liberté des conclusions éventuelles à tirer de l'expérience, nous n'en disconvenons pas ; mais il n'y a là qu'une exigence de méthode. Il est téméraire, en tous cas, de repousser *à priori* ces notions ; les résultats de l'expérience, une fois acquis, il reste à les interpréter, à en induire par des *raisonnements*, les principes et les raisons. Et ici, la méthode expérimentale, à elle seule, est inefficace ; un travail de réflexion et d'abstraction s'impose, et l'interprétation des phénomènes, pour être complète, doit, tout au moins, inclure l'examen de la question des facultés et de substance que la rigueur du procédé expérimental avait tout d'abord fait écarter.

L'erreur de Taine consiste précisément dans la confusion de ces deux points de vue : il a converti l'abstention provisoire en une négation absolue ; son interprétation des phénomènes ne va pas au delà des données expérimentales. Il est très facile d'affirmer que la substance spirituelle est une illusion créée par la conscience ; encore siérait-il d'en produire des preuves. Or, on n'en trouve pas dans l'*Intelligence ;* on n'y rencontre que des affirmations gratuites et des explications qui très souvent n'expliquent rien. Que signifie en effet cette définition de la faculté : une possibilité permanente de certains événements sous certaines conditions ? Ayant constaté que certains événements surgissent sous certaines conditions, Taine en induit que ces événements sont possibles sous ces conditions, toujours possibles, que dès lors la faculté est une possibilité permanente. Mais ce n'est là rien d'autre qu'une relation purement logique ; qu'y a-t-il dans la réalité en l'absence de ces événements ? Le conditionnement de la possibilité ne peut s'expliquer sans une réalité ontologique qui le détermine, puisque toute condition est une limite et que le possible, comme tel, ne peut pas être à lui-même sa limite. Taine, qui n'aimait pas les entités vides, ne répugne pas ici aux explications vides [1].

Taine a donc outré la portée de la méthode

---

[1]. Cf. Robert Flint, *History of the Philosophy of History. Historical Philosophy in France and french Belgium and Switzerland.* Edimbourg et Londres, W. Blackwood, 1893, pp. 636-637.

expérimentale, et ce faisant, il en a faussé les résultats. D'autre part, il n'a pas toujours su observer les conditions imposées par la méthode elle-même, je veux dire qu'il a parfois laissé son système déteindre sur sa psychologie. « Bien que Taine, — écrit M. Barzellotti — déclare dès les premières pages de son livre, ne vouloir se préoccuper que des faits, il donne cependant à ses doctrines psychologiques une empreinte rigide de système non conforme à l'esprit ni à la direction expérimentale, que la science a pris de plus en plus dans ces dernières années [1] ».

Cette empreinte du système se manifeste en de nombreuses occasions ; par exemple dans la solution donnée à la question de savoir si le phénomène de la sensation est distinct de celui du mouvement des centres nerveux. Taine les réduit à un phénomène unique parce que leur étroite interdépendance n'est explicable que par l'unicité du phénomène. Assurément la conclusion est logique lorsqu'on a posé en principe que la sensation est un mouvement qualifié et complexe, et que le mouvement est une sensa-

---

1. Giacomo Barzellotti, *La Philosophie de H. Taine*. Traduit de l'italien par Auguste Dietrich, p. 197. Bibliothèque de Philosophie contemporaine. Paris, Alcan, 1900.

tion simplifiée et réduite ; mais c'est là un principe du système, une conséquence du naturalisme panthéiste. Et lorsqu'on déclare ne vouloir se préoccuper que des faits, il faut renoncer à des vues systématiques, sous peine d'enlever aux conclusions d'une psychologie prétendûment expérimentale, la valeur qu'on entend leur donner par la vertu de sa méthode et de ses procédés.

Mais il importe de considérer d'un peu plus près quelques-unes des théories psychologiques de Taine.

Après examen de la nature du moi, il conclut que, « en tant que composé de forces et de pouvoirs, le moi n'est lui-même qu'une entité verbale et un fantôme métaphysique. Ce quelque chose d'intime, dont les facultés étaient les différents aspects, disparaît avec elles ; on voit s'évanouir et rentrer dans la région des mots la substance une, permanente, distincte des événements [1]. »

Nous ne pouvons admettre cette théorie qui prétend que l'âme n'est pas distincte de ses opérations. Elle laisse, en effet, inexpliqué un fait de conscience universel : l'homme a le sen-

---

1. *De l'Intelligence*, Tome I, p. 313.

timent de la permanence de son moi à travers les changements qu'il éprouve et les modifications qu'il subit. Or, s'il n'y a dans le moi, rien de permanent sous ses métamorphoses continuelles, comment pourrions-nous avoir cette conscience de la durée du moi ? Taine prétend que c'est là une illusion de la conscience. Fort bien, mais encore faut-il qu'une illusion repose sur quelque chose. Comment pourrions-nous avoir l'illusion du moi, si le moi n'est *rien ?*

M. Empart, dans une lettre ouverte adressée à Taine peu après la publication de l'*Intelligence*, écrivait avec beaucoup d'à-propos :

« Voulez-vous dire que le moi n'est pas une puissance qui puisse exister à part, dépouillée de toute espèce de phénomène ? Je suis de votre avis... Mais voulez-vous dire que le moi est une chose qui ne se distingue en aucune façon de ses modalités ? qui consiste uniquement dans ses divers phénomènes ? Il m'est impossible de partager votre sentiment. Et voici pourquoi. Les phénomènes psychologiques sont essentiellement changeants et fugitifs ; nos sensations d'aujourd'hui ne sont pas celles d'hier, comme nos sensations de demain ne sont pas celles d'aujourd'hui. Et cependant, le moi reste absolument le même ; la conscience nous dit qu'il est parfaitement identique sous la variété de ses modifications. Pareil à ces monuments qui survivent aux vicissitudes des âges, il demeure invariable au sein de la perpétuelle variation de ses événements. N'est-ce pas une preuve manifeste, qu'il se distingue dans une certaine mesure de ses diverses modalités ? [1] »

Nous ne pouvons admettre davantage la théorie qui fait de la perception extérieure une « hallucination vraie ».

Pour qui l'examine de près, l'objection se présente spontanément à l'esprit : vous dites que nos perceptions extérieures sont des hallucinations vraies, c'est-à-dire des représentations qui sont subjectivement ce que l'objet est en soi. Si vous appelez vraies certaines hallucinations, c'est que les hallucinations ne sont pas toujours conformes aux choses ; vous avez donc pu constater cette conformité dans certains cas ?

Mais comment le pourriez-vous si vous ne connaissez pas les choses elles-mêmes, si vous n'atteignez pas les objets extérieurs, mais seulement des simulacres intérieurs qui les représentent ? Comment pourriez-vous dès lors dis-

---

[1]. L'abbé L. Emparl, *De la connaissance humaine.* Lettres à M. H. Taine. Paris, Librairie Henri Aniéré, 1872, p. 67-68.

tinguer vos hallucinations en vraies et fausses, selon qu'elles sont ou non conformes aux objets extérieurs, alors que vous ne disposez d'aucun moyen pour constater cette conformité ?

La vérité de vos hallucinations n'est pas garantie, en effet, par le témoignage de vos voisins, pas plus que la fausseté des hallucinations d'un fou n'est établie par le démenti de ses médecins. La vérité de vos perceptions extérieures n'est que plus probable que celle des hallucinations du fou. Mais est-ce sur des probabilités qu'on base les principes d'une science ?

Taine avait pressenti l'objection et il y répond par avance, en affirmant qu'il y a là un mécanisme admirable qui nous trompe pour nous instruire et nous conduit par l'erreur à la vérité. En réalité, c'est là une abdication devant la difficulté, un aveu d'impuissance ; le mécanisme serait, en effet, admirable, mais encore conviendrait-il de nous montrer qu'un tel mécanisme fonctionne réellement dans la formation de nos connaissances et comment il y fonctionne.

Cette théorie de l'hallucination vraie provient de la tendance trop accentuée de la psychologie de Taine à ne tabler que sur les cas anormaux. M. Lucien Roure remarque très justement que

« cette conception doit sa forme définitive aux études physiologiques et médicales de Taine. La fréquentation des laboratoires et des cliniques attira son attention sur les faits pathologiques, dont l'étude commençait dès lors à être à la mode. On voulait renouveler la psychologie, en substituant à l'introspection la méthode expérimentale, et on croyait, à tort ou à raison, ne pouvoir mieux saisir le secret du mécanisme humain qu'en en étudiant les exemplaires faussés, où certaines pièces apparaissaient plus nettement étant comme démontées, où certaines opérations se laissent plus facilement saisir étant grossies jusqu'à la déformation [1]. »

Il peut être, en effet, très utile, voire nécessaire, de recourir à l'examen des cas anormaux, des exemplaires faussés ; mais c'est là une étude subsidiaire, destinée à éclairer d'un jour nouveau les cas normaux, les exemplaires sains. Taine en a fait l'objet principal de ses expériences, et il en est arrivé à édifier une psychologie, dont les principes ne s'adaptent guère aux données constantes et générales de la science de l'âme humaine.

Nous avons dit plus haut que Taine avait

---

1. Lucien Roure, *Hippolyte Taine*. Etudes philosophiques. Paris, Lethielleux, pp. 28-29.

faussé les conclusions de sa psychologie par l'emploi abusif du procédé expérimental. La chose apparaît très clairement dans sa doctrine sur les idées générales. Il poussait jusqu'à la manie l'ostracisme des entités scolastiques ; à ce titre, l'âme humaine, substance immatérielle, devait être proscrite. Outre que l'allure du système ne s'en pouvait accommoder en dehors du champ de la psychologie, l'expérience devait fournir des preuves victorieuses contre cette chimère métaphysique. Et en fait, de ce que l'expérience ne la lui révélait pas directement, — comme à ce praticien qui n'avait jamais rencontré l'âme humaine au bout de son scalpel, — Taine en a tout aussitôt conclu que cette conception surannée devait être bannie de la science. Ce point une fois acquis, il fallait expliquer — et combien laborieusement — les opérations de notre activité psychique supérieure; les données de la conscience passaient au rang d'illusions psychologiques, l'activité intellectuelle se réduisait tout entière au jeu plus ou moins compliqué de nos facultés sensibles. C'est ainsi que nos idées générales et abstraites ne sont, pour Taine, que des noms généraux, sorte d'étiquettes apposées à des fragments de sensation. Cette doctrine, écrit M. de Margerie,

« nous conduit, chose inattendue, en plein moyen-âge. Elle est une solution du problème des Universaux, si vivement agité par cette philosophie scolastique pour laquelle il professa un si parfait dédain ; et cette solution est le nominalisme...

« En fait d'actes positifs et définitifs, lorsque nous pensons ou connaissons les qualités abstraites, il n'y a en nous que des noms ; — nous sommes dans l'illusion lorsque nous croyons avoir, par delà nos mots généraux, des idées générales ; — dans les idées générales, le mot est toute la substance de l'opération [1]. »

Une pareille conception s'impose, lorsqu'on nie l'existence d'un principe immatériel, et cette négation chez Taine, était logique, on pourrait dire nécessaire. Or, cette théorie, explique-t-elle les faits ? Nous ne le pensons pas ; elle laisse subsister une lacune très importante qui rend l'explication inadéquate et inefficace.

L'analyse de nos idées générales nous révèle, en effet, qu'elles sont plus qu'un nom, puisqu'elles peuvent exister en l'absence de tout nom. M. Empart le fait très bien voir :

« Pour concevoir la propriété qui se rencon-

---

1. Amedée de Margerie, *H. Taine*. Paris, Poussielgue, 1894, pp. 57 et 64.

tre dans tous les *arbres*, vous n'avez pas eu besoin de ce mot ; il vous a suffi d'arrêter votre attention sur le frêne, le pin, etc., qui étaient sous vos yeux, de considérer spécialement « l'élan du tronc et l'épanouissement des branches », et de séparer par la pensée ces qualités communes des qualités particulières. Et, quand ensuite vous avez prononcé le mot *arbre*, vous n'avez pas fait naître l'idée générale dans votre esprit: vous la possédiez déjà avec toute sa précision et sa netteté ; vous vous êtes borné à l'exprimer par un son : voilà ce que vous avez fait, et rien de plus [1]. »

L'idée générale est donc plus qu'un nom : elle est le produit d'une activité supérieure qui par ses caractères révèle dans l'homme l'existence d'un principe immatériel, d'une âme spirituelle. Assurément, l'exercice de nos facultés intellectuelles n'est pas pleinement indépendant des conditions matérielles. Les idées abstraites et universelles sont conditionnées par nos connaissances sensibles, partant par nos sensations. Même la psychologie de Taine a eu, à cet égard, le mérite de faire voir très clairement le mécanisme par lequel nos sensations et nos

---

1. L. Empart, *op. cit.*, pp. 109-110.

images arrivent jusqu'à cette dernière étape dans l'élaboration de nos connaissances ; nous n'avons pas à notre disposition d'autres éléments matériels. La pensée qui abstrait et universalise les qualités générales rencontrées dans les individus, est, comme telle, une *fonction*. Si Taine avait poussé l'induction jusqu'au bout, il aurait atteint ce dernier rouage de notre mécanisme intellectuel qui lui imprime son mouvement et qui donne à ses opérations leur ampleur et leur prix. Mais le système gardait les issues, et Taine prétendit borner ses regards aux limites restreintes des résultats immédiats de l'expérience ; il était aveuglé par des préjugés.

Aussi bien cette défaillance scientifique devait-elle l'amener à d'inévitables contradictions ; elles sont la rançon de ces attitudes systématiques, de ces obstinations injustifiées auxquelles l'indépendance orgueilleuse conduit des esprits souvent sincères.

Les affirmations de Taine, quant à la valeur objective de nos connaissances, constituent une de ces contradictions.

Nous avons fait remarquer plus haut que la théorie de l'hallucination vraie eût dû, logiquement, le mener au scepticisme et au subjectivisme kantien. D'après elle, en effet, la perception extérieure ne nous fait pas sortir du monde intérieur d'idées et d'images où nous nous débattons ; nous sommes impuissants à constater l'adéquation de l'ordre logique à l'ordre réel. « Prise en elle-même, écrit M. de Margerie, la théorie de M. Taine est logiquement sceptique en ce qui touche l'existence du monde extérieur... Le scepticisme idéaliste est l'aboutissant inévitable de toute doctrine sur la perception extérieure qui refuse d'admettre sous une forme ou sous une autre une communication effective entre l'esprit et les choses. Si quelque objectif réel ne nous est pas donné par l'exercice de nos facultés perceptives, rien d'objectif, je veux dire aucune affirmation légitime de l'objectif, aucune notion même de l'objectif, ne sera conquis par le travail ultérieur de la pensée [1]. »

Or, Taine a prétendu conserver à nos connaissances une valeur objective ; il combat Kant qui ne leur reconnaît qu'une valeur idéale, et Stuart Mill qui n'y attache qu'une valeur relative. La connexion qui relie les deux termes de nos axiomes, est nécessaire, d'après lui, parce

1. Amedée de Margerie, *op. cit.*, p. 100.

que le second est en quelque sorte contenu dans le premier. Par conséquent nos connaissances ont une valeur absolue et universelle. « Cette conviction réfléchie et motivée de l'accord de la pensée et des choses inspire tout ce chapitre (sur les Idées) et se retrouve dans les suivants. Il n'est plus question de savoir si sa psychologie lui permet des vues si hautes [1]. »

Sans se douter de la contradiction dans laquelle il verse, Taine professe un objectivisme confiant. Or, étant donné le point de départ de sa psychologie, il n'était plus recevable à combattre les conclusions du subjectivisme kantien.

Un disciple de Kant, M. Barzellotti, en fait la remarque : aux affirmations de Taine sur la valeur objective de nos idées, « l'empiriste pourrait répliquer, dit-il, que le contenu de ces idées est constitué de résidus de l'expérience déposés dans notre esprit et élaborés par l'abstraction, et Kant pourrait répondre que le caractère d'*objectivité* exemplaire et d'*universalité* idéale dans lesquelles consiste leur véritable valeur, n'a aucun équivalent *adéquat* dans l'expérience, toujours relative, particulière et finie [2] ».

1. *Ibidem*, p. 162.
2. G. Barzellotti, *op. cit.*, p. 14, note 1.

Dès lors, si Taine avait été logique, il eût été kantien. Mais il répugnait par nature au scepticisme ; il avait foi dans la valeur de la science, et il l'affirmait hautement, fût-ce au prix d'illogismes. L'œuvre y perd, mais l'homme y gagne : car ses contradictions trahissent la parfaite sincérité d'esprit qui l'empêcha de s'obstiner dans l'erreur, et de se roidir jusqu'au bout contre la vérité.

Peut-on considérer comme une doctrine définitive les « Notes sur la volonté » que nous avons analysées plus haut ?

Taine ne les a pas publiées lui-même. Or, il semble qu'on ne puisse juger l'œuvre d'un auteur que dans sa réalisation définitive, c'est-à-dire dans les limites où lui-même l'a livrée à la publicité. Mais quand des notes inédites se trouvent en parfaite conformité avec la doctrine par ailleurs constamment défendue, bien plus, quand elles sont confirmées dans les principes qu'elles établissent, par des passages de l'œuvre antérieure — et c'est le cas pour les « Notes sur la volonté » de Taine — on est recevable à les soumettre, non seulement à une analyse, mais à un jugement critique.

Pour Taine, le mécanisme de la volonté est une dépendance du mécanisme de l'intelligence : les volitions résultent de la fixation des tendances prédominantes, c'est-à-dire de la force impulsive qui affecte toute sensation.

Le jugement qui s'impose à propos de cette doctrine est analogue à celui que nous avons émis sur les conclusions de l'*Intelligence*. La négation de l'âme spirituelle devait aboutir nécessairement au déterminisme ; une fois de plus, le système marquait son empreinte sur les conclusions d'une psychologie qui devait n'être qu'expérimentale.

Taine a exposé trois arguments à l'appui de son déterminisme. Examinons-en rapidement la valeur.

Les deux premiers se répètent et se réduisent à ceci : l'expérience opérée sur nous-mêmes, et vérifiée sur autrui par l'histoire, nous autorise à induire que c'est la force du désir qui fixe le désir ; les désirs naissent spontanément en nous ; dès lors toutes nos actions seront déterminées par des impulsions qui excluent tout choix et par conséquent toute liberté.

Il est douteux que Taine eût attaché une valeur sérieuse à ces arguments. Pourquoi le désir le plus fort se fixe-t-il ? Parce qu'il est le plus fort, répondrez-vous. Fort bien, mais pourquoi direz-vous que le désir qui s'est fixé avait une force prépondérante, sinon *parce qu'il s'est fixé* ? Vous êtes enfermé dans un cercle vicieux. Il est puéril d'attacher une force probante quelconque à de pareils arguments.

Le troisième argument n'est pas meilleur ; il s'appuie sur une pétition de principe, il suppose admis ce qui est question : un événement pouvant surgir ou ne pas surgir, ayant surgi, il serait sans cause, puisqu'il pouvait aussi ne pas surgir. C'est très mal comprendre le problème de la liberté humaine que de le poser en ces termes. Il s'agit précisément de savoir si l'homme a le pouvoir de se déterminer ; ce pouvoir étant nié, l'événement qui a surgi serait sans cause, évidemment : mais c'est là l'objet même du débat entre le déterminisme et le libre arbitre.

Nous touchons ici au problème le plus délicat de la psychologie. La solution défendue par Taine lui était imposée par des exigences de système. Aussi bien n'a-t-il pas pris la peine d'étudier sérieusement la question, et l'on peut supposer que son ouvrage sur la Volonté, s'il lui avait été donné de l'écrire, aurait contenu des arguments où la sincérité et la saine réflexion auraient eu une plus grande part.

⁎

Il nous reste à dire un mot de la célèbre théorie de la *faculté maîtresse*. En elle-même, elle est une théorie psychologique ; mais, par son utilité pratique, elle constitue une méthode de critique ; et c'est à ce dernier point de vue qu'on lui a adressé de nombreux reproches.

Quand on veut appliquer la formule à des cas concrets, on s'aperçoit qu'elle est trop étroite. La complexité des caractères, la diversité des talents et des aptitudes ne se laissent pas emprisonner dans une expression simpliste. Il n'est pas vrai qu'il y ait dans chaque individu une faculté qui imprime à toutes les autres un mouvement d'ensemble, qui les fasse varier selon ses variations propres.

Guillaume Guizot, dans son analyse critique de l'*Essai sur Tite-Live*, a très habilement fait voir l'impuissance de la formule. A la question posée par Taine dans sa Préface : « Y a-t-il en nous une faculté maîtresse, dont l'action uniforme se communique différemment à nos différents rouages ?... j'essaie de répondre oui, et par un exemple, » — M. Guizot reprend : « Essayons de répondre *non* et par trois exemples ». Le premier est Tite-Live, le second Annibal, et le troisième est Taine lui-même. Visiblement, dans ces trois cas, l'explication ne réside pas tout entière dans la détermination de la faculté maîtresse. Le cadre est trop étroit ; la réalité humaine ne s'y laisse pas enfermer. « Heureusement pour vous, — conclut Guizot en s'adressant à Taine, — vous n'êtes pas parvenu à nous convaincre et votre talent vous sauve en ruinant votre système... [1]. »

Nous voici au terme de la critique que nous avions à faire de la psychologie de Taine. L'examen réfléchi de ses théories et de ses principes soulève contre elle des objections nombreuses qui paraissent décisives.

D'ailleurs il n'est pas d'ouvrage de Taine qui sollicite moins la conviction que l'*Intelligence*. On lui trouve une allure constante d'hypothèse ; les faits s'accumulent et l'induction s'arrête sur un « peut-être ». Il semble que Taine s'en

---

[1]. Guillaume Guizot, *D'une nouvelle méthode critique.* — *Débats* des 21 et 27 janvier 1857. — Publié en appendice à l'ouvrage de V Giraud, *op. cit.*, pp. 291-292.

rendit compte lorsqu'il écrivait à propos de la conception kantienne de l'intelligence humaine, reprise par Schopenhauer : « sans doute, la plupart des lecteurs ne verront dans cette théorie que le roman d'un fou. Si elle est un roman, elle n'est pas celui d'un fou, mais d'un très grand esprit, d'un génie très compréhensif et très hardi : qu'on l'appelle hypothèse, je le veux bien ; mais la théorie contraire, celle que nous acceptons avec tout le monde, est aussi une hypothèse ; seulement elle est moins compliquée et s'adapte plus aisément aux phénomènes ; plus commode et plus simple nous n'avons pas d'autre raison pour la préférer [1]. »

La sincérité de ce grand esprit, l'amenait parfois à de pareils aveux. Encore qu'elle soit louable, elle ne manque pas de jeter quelque discrédit sur sa doctrine.

D'autre part, si l'*Intelligence* n'engendre ni la certitude ni la conviction, elle ne présente pas des qualités d'ensemble, qui assurent à un auteur le renom et la durée. La psychologie de Taine, écrit M. Barzellotti, « ne sort pas, quant à la conception générale et au plan systématique, des sentiers battus de la philosophie [2] ».

---

1. *Derniers Essais de Critique* pp. 196-197.
2. G. Barzellotti, *op. cit.*, p. 200.

Il semble donc que ce soit avec raison que nous mettions en doute l'importance du rôle de l'*Intelligence*, dans l'influence que la philosophie de Taine pourrait exercer sur la formation des esprits. Elle a marqué une réaction et une transition dans la conception et l'évolution de la psychologie ; mais on oubliera l'une et on méconnaîtra l'autre.

CHAPITRE VI

LES INSTITUTIONS. LA RELIGION.
L'ORGANISATION SOCIALE ET POLITIQUE.

L'ANALOGIE très marquée que révèle la sociologie de Taine entre l'histoire humaine et l'histoire naturelle, se poursuit et s'accentue dans l'étude des institutions sociales. La formation des sociétés s'effectue sous l'empire de la loi des Facteurs Primordiaux ; l'action combinée de la race, du milieu et du moment, crée des températures morales dont la diversité se traduit par la diversité des nationalités et des civilisations. « S'il y a des climats dans le monde physique, il y en a aussi dans le monde moral [1]. » Et de même que le climat physique détermine par l'espèce de ses éléments, par le degré de sa température et par la configuration du sol où il règne, l'espèce de

---

1. *Nouveaux Essais de Critique*. Racine, p. 115.

sa flore et de sa faune, de même le climat moral détermine, par le caractère de ses tendances et le degré de ses exigences, l'espèce des aptitudes, des talents et des institutions qui constituent le génie d'un peuple et l'ampleur de sa civilisation. Ici encore, il s'agit de faire en quelque sorte de la botanique humaine ; en poussant jusqu'au bout le parallèle entre les sciences morales et les sciences naturelles, on pourrait dire que la sociologie générale constitue l'étude du climat moral, que la psychologie a pour objet la plante humaine comme telle, et que la sociologie spéciale où l'étude des institutions s'attache à déterminer l'influence exercée par le climat sur le fonctionnement des organes de la plante. On arriverait ainsi à une vue d'ensemble très naturaliste du monde humain, très conforme aux tendances et à l'esprit du panthéisme de Taine.

Dans la sociologie spéciale, il s'agira donc d'étudier l'action prolongée des Facteurs Primordiaux. Par le degré de la température morale qu'ils créent au sein d'une société, ils déterminent non seulement la nature des talents et des aptitudes d'un peuple, mais encore l'espèce des institutions et la trame des événements qui constituent sa civilisation et dessinent son histoire. Rien n'est livré au hasard dans cette élaboration continue des phénomènes sociaux, et l'on aperçoit chacun des anneaux de la « chaîne d'or » par laquelle la Nature relie les effets de son action et le jeu de ses lois. Le sort d'un peuple est déterminé d'avance par l'espèce des facteurs qui président à son évolution, leur action suscite et façonne ses caractères et son génie, elle règle sa destinée ; c'est, en effet, la « structure intime des âmes, qui, en tout pays, impose à chaque nation sa fortune bonne ou mauvaise, et la destine aux désastres ou aux succès [1] ».

Ici encore la loi des Facteurs Primordiaux opère par sélection. Le milieu moral produit l'âme nationale, c'est-à-dire que son atmosphère n'étant respirable que par ceux qui ont une certaine structure intime, il fait avorter tous ceux que leur nature rend inaptes à vivre sous un tel climat ; de même ce milieu moral produit les institutions et les événements, en ce que seuls ceux-ci répondent à la façon de penser, de sentir et d'agir des âmes qui s'épanouissent sous ce climat. Le parallélisme entre l'histoire na-

1. *Derniers Essais de Critique.* Madame d'Aulnoy, p. 6.

turelle et l'histoire humaine se poursuit ici rigoureusement.

« Les naturalistes établissent que dans une espèce vivante les individus qui se développent le mieux et se reproduisent le plus sûrement sont ceux qu'une particularité de structure adapte le mieux aux circonstances ambiantes ; que dans les autres les qualités inverses produisent des effets inverses ; que le cours naturel des choses amène aussi des éliminations incessantes et des perfectionnements graduels ; que cette préférence et cette défaveur aveugles agissent comme un triage volontaire, et qu'aussi la nature choisit dans chaque milieu, pour leur donner l'être et l'empire, les espèces les mieux appropriées à ce milieu. — Par des observations et un raisonnement analogues, les historiens peuvent établir que, dans un groupe humain quelconque, les individus qui atteignent la plus haute autorité et le plus large développement sont ceux dont les aptitudes et les inclinations correspondent le mieux à celles de leur groupe ; que le milieu moral comme le milieu physique agit sur chaque individu par des excitations et des répressions continues ; qu'il fait avorter les uns et germer les autres à proportion de la concordance ou du désaccord qui se rencontre entre eux et lui ; que ce sourd travail est aussi un triage, et que, par une série de formations et de déformations imperceptibles, l'ascendant du milieu amène sur la scène de l'histoire les artistes, les philosophes, les réformateurs religieux, les politiques capables d'interpréter ou d'accomplir la pensée de leur âge et de leur race, comme il amène sur la scène de la nature les espèces d'animaux et de plantes les plus capables de s'accommoder à leur climat et à leur sol [1] ».

Et lorsqu'on se demande comment l'action du milieu moral peut, après avoir exercé cette sélection ou ce choix sur les âmes, prolonger son influence dans le détail de leur activité et marquer son empreinte sur les œuvres qu'elles enfantent et les événements qu'elles suscitent, il faut avoir égard à ce que les choses morales, comme les choses physiques, ont des dépendances et des conditions. Les mêmes lois se retrouvent dans la psychologie des peuples et dans celle de l'individu: ici comme là, il y a une faculté maîtresse, c'est-à-dire des qualités et des situations générales qui étendent leur empire sur des siècles et des nations entières.

---

1. *Essais de Critique*, Préface, pp. xxix-xxx.

« Entre une charmille de Versailles, un raisonnement philosophique et théologique de Malebranche, un précepte de versification chez Boileau, une loi de Colbert sur les hypothèques, un compliment d'antichambre à Marly, une sentence de Bossuet sur la royauté de Dieu, la distance semble infinie et infranchissable ; nulle liaison apparente. Les faits sont si dissemblables qu'au premier aspect on les juge tels qu'ils se présentent, c'est-à-dire isolés et séparés. Mais les faits communiquent entre eux par les définitions des groupes où ils sont compris, comme les eaux d'un bassin par les sommets du versant d'où elles découlent. Chacun d'eux est une action de cet homme idéal et général autour duquel se rassemblent toutes les inventions et toutes les particularités de l'époque ; chacun d'eux a pour cause quelque aptitude ou inclination du modèle régnant. Les diverses inclinations ou aptitudes du personnage s'équilibrent, s'harmonisent, se tempèrent les unes les autres sous quelque penchant ou faculté dominante, parce que c'est le même esprit et le même cœur qui a pensé, prié, imaginé et agi, parce que c'est la même situation générale et le même naturel inné qui ont façonné et régi les œuvres séparées et diverses, parce que c'est le même sceau qui s'est imprimé différemment en différentes matières [1]. »

Mais les institutions ne dépendent pas seulement les unes des autres, elles se conditionnent l'une l'autre ; leur coordination n'est pas seulement simultanée, elle est aussi successive. Les choses morales ont des conditions ; c'est ce qui fait l'unité de l'évolution historique d'un peuple. Les institutions qui naissent dans son sein ne sont pas seulement conformes aux tendances et aux exigences de l'état général des esprits et des mœurs, mais elles sont conformes aussi à l'esprit des institutions antérieures. C'est qu'ici il y a un élément durable qui laisse son empreinte uniforme sur tous les phénomènes sociaux. Cet élément stable c'est « le caractère et l'esprit propre à la race, transmis de génération en génération, les mêmes à travers les changements de la culture, les diversités de l'organisation et la variété des produits... A un moment donné, pendant une période, ils font une œuvre, et leur nature, jointe à celle de leur œuvre, est la *condition* de l'œuvre qui suit, comme dans un corps organisé le tempérament primitif, joint à l'état antérieur, est la condition de l'état sui-

---

1. *Essais de Critique*, Préface, p. xv-xvi.

vant. Ici comme dans le monde physique, la condition est suffisante et nécessaire ; si elle est présente, l'œuvre ne peut manquer ; si elle est absente, l'œuvre ne peut apparaître [1]. »

L'application de ces lois à l'étude de ces institutions aboutit à les faire concevoir comme un ensemble organisé, vivant, doué d'une vie propre, supérieure à celle des individus dont l'activité se déploie dans les limites et sous les formes qu'il leur impose. On atteint ainsi une de ces vues d'ensemble qui font oublier le caractère individualiste et particulariste du point de vue humain ; on se rapproche de la compréhension de la vie universelle et une que la Nature répand dans tous ses membres. Les conclusions dernières viendront se ranger à côté des résultats de la cosmologie, de la sociologie générale, et de la psychologie pour servir d'assises et d'appuis au principe panthéiste qui inspire le système.

Il nous faut maintenant examiner d'un peu plus près l'élaboration que subissent les institutions qui accompagnent toute civilisation humaine.

---

1. *Ibidem*, pp. xvi-xvii.

⁂

La religion est un de ces grands ordres de faits qui composent une civilisation et, dans cet ordre, plus manifestement peut-être que dans les autres, apparaît l'action toute puissante de ces divinités du monde social, les Facteurs Primordiaux. Dans chaque religion, se retrouve l'empreinte des façons de penser et de sentir qui constituent le caractère distinctif d'une race; chaque religion est comme un miroir dans lequel se reflètent le milieu où elle est née et le moment qui l'a vue naître ; elle est en quelque sorte l'indice, le signe révélateur de l'espèce des facteurs qui ont suscité son apparition et guidé son développement.

Née de l'objectivation de rêveries poétiques, ou des inquiétudes que les hommes conçoivent devant l'énigme de la nature [1], la religion est un « beau poème tenu pour vrai [2] ». Les dieux dont elle est l'histoire, sont la personnification de la Nature ; vivez dans un pays riant où les sources coulent tranquillement à l'ombre de vieux chênes, et vous reconnaîtrez la divinité

---

1. *Voyage aux Pyrénées*, p. 186.
2. *Les origines. L'Ancien Régime*, p. 273. — *Hist. Litt. Angl.*, Préface, p. xxxvi.

des Naïades et des Nymphes ; contemplez pendant toute votre vie des rocs sombres et tourmentés, des monts imposants et des ravins sauvages et vous craindrez les foudres d'un Jupiter ou d'un Hercule [1].

« Les choses sont divines ; voilà pourquoi il faut concevoir les dieux pour exprimer les choses ; chaque paysage a le sien, sombre ou serein, mais toujours grand. Les premières religions ne sont qu'un langage exact, le cri involontaire d'une âme qui sent la sublimité et l'éternité des choses, en même temps qu'elle perçoit leurs dehors. Tout autre langage est abstrait ; toute autre représentation démembre et tue la nature vivante. Quand nous vidons notre esprit des mots artificiels qui l'encombrent, et que nous dégageons notre fond intérieur enseveli sous la parole apprise, nous retrouvons involontairement les conceptions antiques ; nous sentons flotter en nous les rêves du Véda, d'Hésiode ; nous murmurons quelqu'un de ces vers d'Eschyle où, derrière la légende humaine, on entrevoit la majesté des choses naturelles et le

---

[1]. *Hist. Litt. Angl.*, Tome I, pp. 157-159-162-164. — Tome III, pp. 380-381. — Tome V, p. 271. — *Vie*, Tome II, p. 99. — *Nouveaux Essais de Critique*, pp. 286-287. — *Voyage aux Pyrénées*, p. 301.

chœur universel des forêts, des fleuves et des mers. Alors, par degrés, le travail qui s'est fait dans l'esprit des premiers hommes se fait dans le nôtre ; nous précisons et nous incorporons dans une forme humaine cette force et cette fraîcheur des choses; nous achevons les suggestions qu'elles nous fournissaient. Devant ces eaux fuyardes et folâtres dont les chutes s'éparpillent comme des chevelures, devant ces sources dont l'éclair imprévu semble un regard, devant ces jeunes arbres élancés qui portent comme des canéphores, leurs couronnes d'éternelle verdure, nous sommes conduits à imaginer des personnes divines. Le mythe éclôt dans notre âme, et si nous étions des poètes, il épanouirait en nous toute sa fleur. Nous aussi, nous verrions les figures grandioses qui, nées au second âge de la pensée humaine, gardent encore l'empreinte de la sensation originelle, les dieux parents des choses, un Apollon, une Pallas, une Artemis, les générations de héros qui avaient le ciel et la terre pour ancêtres et participaient au calme de leurs premiers auteurs [1]. »

La naïveté des premiers âges de l'humanité ne mettait pas d'obstacle à l'éclosion du mythe;

---

[1]. *Derniers Essais de Critique*. Sainte Odile et Iphigénie en Tauride, pp. 77-79. — *Carnets de Voyage*, p. 130.

sa fleur s'épanouissait et se développait librement dans les âmes. Chaque peuple dessinait sa légende divine selon les formes de son paysage et d'après le caractère de son climat [1]. — Le rêve flottait dans les imaginations, vague, diffus jusqu'au jour où une voix s'élevant au-dessus du tumulte des aspirations et des craintes individuelles, venait leur donner corps et interpréter la légende. C'est là la raison de l'autorité avec laquelle les fondateurs de religions imposaient leurs préceptes et leurs dogmes :

« Dans les grandes crises de l'espèce humaine, il y a une parole que tous attendent ; c'est la seule qu'ils puissent comprendre ; les autres ne sont qu'un vain bruit qui bourdonne confusément à leurs oreilles. Celle-ci, au contraire, est à peine chuchotée, que la voilà écoutée, recueillie, répétée, enflée par le concert de toutes les voix. Elle correspond à quelque vaste et ancien besoin, à quelque sourd et universel travail, à quelque accumulation énorme de rêveries et d'efforts prolongés pendant des siècles dans toutes les couches, hautes ou basses de la société et de l'intelligence. Comme un coup de

---

1. *Voyage en Italie*, Tome I, pp. 8 et 59.

sonde qui rencontre enfin une nappe d'eau comprimée, elle fait jaillir une source. On a dit que Mahomet était un plagiaire, compilateur de la Bible et des sectes contemporaines, que Luther répétait avec de gros mots les vieilleries de Jean Huss et de Wiclef. La vérité est qu'ils ont prononcé dans leur temps et dans leur nation la *parole unique*, non pas des lèvres, mais de tout leur cœur et avec toutes les forces de leur être ; c'est là ce qui a donné de l'ascendant à leurs discours et un prix à leur réforme... [1]. »

Le christianisme n'a pas d'autre origine ; si les attaches avec le milieu sont ici moins apparentes que dans les autres religions, c'est que des circonstances extérieures sont venues modifier le cours ordinaire de l'élaboration des religions. « Le christianisme est une religion de seconde poussée, qui contredit l'instinct naturel ». L'état social qui l'a suscité devait, en effet, imprimer en lui ce caractère antinaturel : « il déclare que le monde est mauvais et que l'homme est gâté ; et certes au siècle où il naquit cela était indubitable. Il faut donc, selon lui, que

---

1. *Nouveaux Essais de Critique*. Le Bouddhisme, pp. 271-275. — Cf. l'article publié par Taine dans les *Débats* du 7 février 1869, sur Camille Selden: *l'Esprit moderne en Allemagne*, publié en appendice à l'ouvrage de V. Giraud, op. cit., pp. 241-246.

l'homme change de voie. La vie présente n'est qu'un exil ; tournons nos regards vers la patrie céleste. Notre fond naturel est vicieux ; réprimons tous nos penchants naturels et mortifions notre corps. L'expérience des sens et le raisonnement des savants sont insuffisants et trompeurs ; prenons pour flambeau la foi, la révélation divine. Par la pénitence, le renoncement, la méditation, développons en nous l'homme spirituel, et que notre vie soit une attente passionnée de la délivrance, un abandon continu de notre volonté, un soupir incessant vers Dieu, une pensée d'amour sublime, parfois récompensée par l'extase et la vision de l'au delà [1]. »

Il importe donc de tenir compte, dans l'analyse de la genèse des religions, de tous les éléments qui concourent à leur formation. Il faut avoir égard, en effet, à ce que « quand une graine est plantée, elle se développe ; mais elle se développe par deux sollicitations distinctes : celle des forces intérieures qui la composent, et celle des forces extérieures qui l'entourent. Il y a en elle un arbre qui tend à se produire ; mais il y a en dehors d'elle un sol et une température qui tendent à diriger ou à déformer sa

---

1. *Philosophie de l'Art*, Tome II, pp. 145-46.

croissance. Pareillement, dans une religion, il y a une conception nouvelle de la nature et de la conduite humaine, qui se complète par son propre effort, mais qui en même temps reçoit des circonstances une impulsion distincte... et, dans le grand arbre qui est sorti du petit germe, on démêle à la fois ce qui provient du germe et ce qui provient du milieu [1]. »

Le christianisme a rencontré des circonstances qui ont déformé la croissance de son germe primitif ; de là son caractère austère et antinaturel, sa tendance à détourner les regards des choses de ce monde pour les porter vers les espérances de l'au delà. Son influence n'en a pas moins été prépondérante sur une grande portion de l'humanité. C'est que la religion chrétienne a été la « parole unique » que les hommes attendaient, il y a quelque vingt siècles. « A un certain moment critique de l'histoire, des hommes sortant de leur petite vie étroite et routinière, ont saisi par une vue d'ensemble l'univers infini ; la face auguste de la Nature éternelle s'est dévoilée tout d'un coup ; dans leur émotion sublime, il leur a semblé qu'ils apercevaient son principe. »

1. *Nouveaux Essais de Critique*. Le Bouddhisme, pp. 286-287.

Or, « leur point de vue était le seul auquel les multitudes échelonnées au-dessous d'eux pouvaient se mettre. Pour des centaines de générations, il n'y avait d'accès que par leur voie aux choses divines [1] ».

Cette voie s'est perpétuée, et partant, consolidée à travers les siècles ; elle s'est détachée des hommes qui l'avaient annoncée, pour subsister, inébranlable, au-dessus des générations qui passent [2]. Le christianisme avait parcouru les deux étapes de la formation d'une religion : l'objectivation d'émotions subjectives, l'élaboration séculaire du « préjugé héréditaire ». Pour qu'une religion acquière un empire incontesté sur les âmes, il faut, en effet, qu'elle représente une somme d'expériences faites, de solutions heureuses données aux problèmes de la vie, pendant une longue suite de générations ; il faut que le préjugé religieux devienne « héréditaire ». Il constituera alors une véritable force sociale, il deviendra une de ces institutions ineffaçables d'une civilisation, parce que « le préjugé héréditaire est une sorte de raison qui s'ignore...Quand on le considère de près, on trouve

---

1. *Les origines*. Ancien Régime, pp. 272-273. — *Hist. Litt. Angl.*, Tome II, pp. 315, 486 487. — *Les Philosophes classiques*, p. 290.
2. *Les origines*. La Révolution, Tome III, pp. 414-415.

que, comme la science, il a pour source une longue accumulation d'expériences; les hommes, après une multitude de tâtonnements et d'essais, ont fini par éprouver que telle façon de vivre ou de penser était la seule accommodée à leur situation, la plus praticable de toutes, la plus bienfaisante... [1]. »

A ce titre la religion rentre donc dans l'étude des phénomènes sociaux ; elle n'est pas seulement la vie intérieure des âmes, elle est aussi le grand ressort de leur activité extérieure et sociale ; il n'est pour ainsi dire pas de peuple dont la destinée ou le sort n'ait été influencé par la religion qu'il a pratiquée. La philosophie sociale, pour être complète, devra donc entreprendre l'étude du phénomène religieux.

Taine n'y a pas manqué et il s'est efforcé de déterminer les étapes de la genèse de toute religion. En elle-même, la religion est un rêve poétique, un poème légendaire qui éclot dans les âmes sous le choc des émotions qu'y produit le spectacle de la nature. On divinise les choses parce que les choses sont divines : chaque paysage a son dieu. Les fondateurs de religion ne font que préciser et interpréter ce que

---

1. *Ibidem*, Ancien Régime, pp. 270-271.

leurs contemporains ont dans le cœur ou dans l'imagination : leur doctrine se transmet de génération en génération et elle devient alors une des formes du préjugé héréditaire, c'est-à-dire une véritable force sociale ; car une doctrine, qu'elle soit religieuse, sociale, politique, ou même scientifique, ne devient active qu'en tant qu'elle revêt la forme du préjugé héréditaire.

« Pour entrer dans la pratique, pour prendre le gouvernement des âmes, pour se transformer en un ressort d'action, il faut qu'elle se dépose dans les esprits, à l'état de croyances faites, d'habitude prise, d'inclination établie... Alors seulement elle devient une force sociale [1]. »

Et alors aussi elle entre véritablement dans le domaine des faits sociaux, elle devient une institution sociale.

Nous avons vu, en traitant de la sociologie générale, comment se forment les sociétés humaines; il nous reste à voir comment elles s'organisent. Et ici comme là, il faut rechercher des lois. L'organisation sociale, en effet, n'est pas une œuvre de hasard ; comme toute institu-

---

1. *Les origines.* Ancien Régime, p. 275.

tion, elle est soumise à l'action prolongée des Facteurs Primordiaux. Il faudra donc avoir égard à la température morale qui a favorisé son éclosion, et déterminer ses caractères d'après les caractères de son milieu. L'État, pour être stable et utile, doit avoir une constitution conforme aux exigences de l'état général des esprits et des mœurs.

« La constitution d'un État est chose organique comme celle d'un corps vivant ; elle n'appartient qu'à lui ; un autre ne peut se l'assimiler, on n'en copie que les dehors. Au-dessous des institutions, des chartes, des droits écrits, de l'almanach officiel, il y a les idées, les habitudes, le caractère, la condition des classes, leur position respective, leurs sentiments réciproques, bref un écheveau ramifié de profondes racines invisibles sous le tronc et le feuillage visibles. Ce sont elles qui nourrissent et soutiennent l'arbre. Plantez l'arbre sans les racines, il languira, et tombera sous la première bourrasque [1]. »

On ne peut dès lors déterminer les éléments indispensables à la constitution de tout État. De même que les organismes animaux et végétaux

[1]. *Notes sur l'Angleterre*, p. 217.

varient d'après le milieu et le climat physique, de même l'organisation sociale des peuples doit varier d'après les exigences du climat moral. Dans les deux cas, la nature opère par sélection, ne laissant subsister et durer que les espèces qui se sont adaptées. Les lois de l'organisation sociale ne seront donc pas les mêmes dans tous les cas ; il y aura des études spéciales à faire pour chacun d'eux. Il est cependant, d'après Taine, quelques lois très générales qui se vérifient partout ; à ce titre, elles rentrent dans le cadre d'une étude générale sur les institutions sociales.

Ces lois se résument ainsi : les pays d'organisation démocratique sont dans un état d'infériorité vis-à-vis des pays d'organisation aristocratique. Taine prétendait induire cette conclusion d'une expérience plusieurs fois renouvelée.

« Sans aristocratie, une civilisation n'est pas complète ; il lui manque les grandes vies indépendantes, largement développées, affranchies de tout souci mesquin, capables de beauté comme une œuvre d'art. Quelqu'un a dit : « Guerre aux châteaux, paix aux chaumières! » Je crois qu'il vaudrait mieux dire : « Paix aux chaumières et aux châteaux ! » Proud'hon souhaitait voir la France couverte de petites maisons propres, dans chaque maison une famille demi-villageoise et demi-bourgeoise, alentour un petit champ et un jardin, tout le sol ainsi réparti ; partout du travail, de l'égalité, de l'aisance et des potagers. Au point de vue de l'historien c'est le vœu d'un maraîcher; s'il n'y avait plus que des légumes la campagne serait bien laide. Je n'ai pas de parc, et pourtant mes yeux sont contents d'en voir un ; seulement, il faut qu'il soit accessible et bien gouverné. Il en est de même des grandes vies ; elles font parmi les petites l'office des parcs parmi les jardinets et les cultures. L'un fournit les arbres séculaires, les pelouses de velours, la délicieuse féerie des fleurs accumulées et des poétiques avenues. L'autre entretient certaines élégances de mœurs et certaines nuances de sentiments, permet la grande éducation cosmopolite, nourrit une pépinière d'hommes d'Etat [1]. »

L'aristocratie constitue donc une classe indispensable au bon fonctionnement de nos sociétés civilisées ; ses membres n'ont pas leur horizon borné par les exigences d'un métier, ils sont plus indépendants que ceux qui luttent constam-

---

[1] *Notes sur l'Angleterre*, p. 208. — *Les Origines. La Révolution*, T. I.

ment pour conquérir une situation ; ils sont donc plus aptes à assumer les besognes politiques qui exigent de l'indépendance et des loisirs.

Assurément, l'organisation aristocratique ne va pas sans inconvénients :

« Naturellement, un pareil cercle est fermé et maintient strictement ses limites ; l'institution aristocratique, comme toutes les autres, a ses inconvénients. Thackeray, dans tous ses écrits, a décrit et raillé amèrement ce système de clôtures sociales, l'effort des inférieurs pour s'introduire et des supérieurs pour se barricader [1]. »

Mais, à tout prendre, ces inconvénients sont minces à côté de ceux qu'entraîne l'organisation démocratique ; l'exemple de la France est concluant à cet égard.

« Une société est comme un jardin : on l'aménage pour lui faire rendre des pêches, des oranges, ou des carottes et des choux. La nôtre est tout aménagée en faveur des choux et des carottes. L'idéal, c'est que le paysan puisse manger de la viande et que mon cordonnier ayant amassé trois mille francs de rente, puisse envoyer son fils à l'école de droit. Mais les hommes distingués n'atteignent rien d'éminent...

1. *Ibidem*, pp. 191-192.

Partant, tout est viager ; impossible de rien fonder de grand, d'avoir une famille qui vous continue. Partant, tout est au concours ; nous arrivons à des mœurs chinoises. Nous nous préparons à des examens, nous passons des examens et nous entrons dans la filière. L'effet de ces mœurs, c'est l'étude mécanique ou exagérée, la vie de collège, la journée passée sur un pupitre, l'ennui, l'attente, l'intrigue, l'étroitesse des vues, le caractère de l'employé [1]. »

L'organisation démocratique en nivelant les classes, a supprimé cette pépinière d'hommes d'Etat qu'étaient les classes supérieures. Une pareille constitution de l'Etat présente des inconvénients multiples ; nous allons relever un de ses effets les plus dommageables au bon fonctionnement de l'organisation politique : l'esprit de fonctionnarisme.

Ce qui distingue en réalité les diverses formes de gouvernement, c'est le degré plus ou moins élevé de l'intervention des pouvoirs publics. Ceux-ci ont un minimum d'attributions, qui leur reviennent nécessairement parce qu'il n'y a

---

1. *Carnets de Voyage*, pp. 33-31

qu'eux pour les exercer conformément aux intérêts de toute la nation. Mais, à ces attributions essentielles, des attributions accidentelles viennent parfois s'ajouter. Les pouvoirs publics s'en emparent ou en sont investis, peu importe, dans les deux cas, ils interviennent au delà de leurs limites naturelles. C'est ce nombre plus ou moins grand d'attributions accidentelles qui constitue l'interventionisme de l'État, et c'est à ce point de vue, que les formes de gouvernement se différencient réellement. Aussi, la monarchie absolue est-elle très voisine de la démocratie absorbante. Dans les deux régimes, l'Etat se trouve être le bénéficiaire d'un nombre presque pareil d'attributions accidentelles. Les noms de monarchie absolue et de démocratie absorbante ne sont que des étiquettes désignant le titulaire des attributions de l'Etat ; dans le premier cas, c'est un monarque qui s'en est emparé, dans le second, c'est une réunion de plusieurs chefs qui en ont été officiellement dotés.

Il en est de même des autres appellations : aristocratie, théocratie, oligarchie, monarchie constitutionnelle... ; elles ne désignent que les titulaires des attributions d'Etat. Ce qui, en fait, distingue ces différents régimes, c'est le nombre d'attributions accidentelles dont ils bénéficient.

Et, à ce point de vue de l'interventionisme de l'Etat, nous disons qu'il y a deux régimes, deux types extrêmes de gouvernement : celui de la centralisation à outrance ou de l'interventionisme absorbant, et celui de la décentralisation ou de l'interventionisme réduit à son strict minimum. Or, l'histoire nous apprend que les diverses formes de gouvernement s'accompagnent d'une organisation sociale d'autant moins parfaite que l'interventionisme de l'Etat est plus absorbant ; d'où il semble qu'on puisse déduire cette loi d'équilibre social : la perfection de l'organisation sociale est en raison inverse du quantum de l'interventionisme de l'Etat.

C'est là, croyons-nous, le résumé des enseignements qui se dégagent de l'étude de Taine sur l'organisation sociale et politique d'une nation. Fidèle aux principes de son évolutionisme déterministe, il s'est évertué à démontrer que chacun des deux régimes, centralisation et décentralisation, est le produit d'un concours de circonstances propres à chaque peuple à un moment de son évolution historique [1] — hasard heureux, si ce concours amène l'un des régimes, hasard regrettable s'il amène l'autre : car

---

1. *Essais de Critique.* M. Troplong et M. de Montalembert, pp. 324-325.

le régime de la décentralisation est la source d'immenses avantages, celui de la centralisation à outrance est la cause d'énormes inconvénients. Le type de ce dernier est le régime instauré en France depuis 1791.

Les circonstances dont le concours a provoqué l'appariton de ce régime en France, sont, les unes politiques, les autres sociales.

Les circonstances politiques dataient de loin ; depuis la fin du XVI° siècle, les rois de France avaient constamment cherché à rassembler à portée de leur main les innombrables rouages qui conditionnent le fonctionnement de la machine gouvernementale ; bientôt, ils étaient arrivés à mouvoir celle-ci sans aucun contrôle ; l'absolutisme de leur pouvoir ne rencontrait aucun obstacle ; ils avaient réalisé peu à peu l'unification politique et la centralisation administrative. Mais ces circonstances politiques n'auraient pu amener le régime instauré en France à la fin du XVIII° siècle, si elles ne s'étaient rencontrées avec des circonstances sociales pour susciter, de concert avec elles, l'avènement du régime de la centralisation à outrance.

Et ces circonstances, sociales par leur aboutissement, mais intellectuelles et morales par leur origine, se résument dans l'influence exer-

Taine.

cée par la philosophie du XVIII° siècle. Les découvertes scientifiques faites au cours du siècle, eurent, comme conséquence immédiate, un changement radical dans la manière de voir et de juger les hommes et les choses. Auparavant, le point de vue d'après lequel on les envisageait, et notamment la question capitale de l'origine de l'homme, c'était le point de vue de la Révélation ; maintenant, fort de l'acquis scientifique on se place au point de vue opposé, celui de l'observation pure [1].

Aux découvertes scientifiques incomplètes qui déterminèrent cette volte-face, on appliqua le moule classique, c'est-à-dire, cet outillage vieillot et usé de raisonnements abstraits, de généralisations vagues, de belles phrases vides et de grands mots creux. On retrouve ici cette forme d'esprit qui fit, par toute l'Europe, l'âge classique : c'était « l'indépendance de la raison raisonnante, qui, écartant l'imagination, s'affranchissant de la tradition, pratiquant mal l'expérience, trouve dans la logique sa reine, dans les mathématiques son modèle, dans le discours son organe, dans la société polie son auditoire, dans les vérités nuageuses son emploi, dans

---

[1]. *Les origines.* Ancien Régime, p. 228.

l'homme abstrait sa matière, dans l'idéologie sa formule, dans la Révolution française sa gloire et sa condamnation, son triomphe et sa fin [1]. »

Toutes les utopies du *Contrat social* et de *l'Encyclopédie* sont nées de cette rencontre de l'acquis scientifique incomplet avec l'esprit classique. Débitées avec la naïveté puérile et la vanité pédante d'un spéculatif de cabinet, apôtre de la Raison, comme un Jean-Jacques, un Diderot ou un Condorcet, elles ne pouvaient faire grand mal. Mais elles sont devenues le credo de cervelles étroites et courtes qui les ont appliquées de force et tout entières. L'Homme abstrait, les Droits de l'Homme, la Souveraineté du peuple, tous les dogmes du socialisme, égalitaire et niveleur, on sait « quelle progéniture ces simulacres métaphysiques ont enfantée; combien d'avortons non-viables et grotesques, combien de chimères monstrueuses et malfaisantes [2]. »

Si elles furent malfaisantes, c'est qu'elles rencontrèrent le terrain propice à leur éclosion : l'apathie et l'inertie d'une nation politiquement

---

1. *Hist. Litt. Angl.*, Tome III, p. 33.
2. *Les origines*. Régime Moderne, Tome I, pp. 33-35.

centralisée comme l'était la France à la fin du XVIIIe siècle.

La Révolution ne fut que la maladie d'enfance du régime qui naquit de cette rencontre : la désorganisation sociale était venue s'ajouter à la centralisation politique pour donner naissance au régime de la centralisation à outrance sous lequel vivent les Français depuis plus d'un siècle.

Taine ne rapporte pas d'exemple du régime opposé. Il ne pouvait dès lors déterminer *a priori* les circonstances dont le concours fait naître ce régime. Aussi bien est-il vis-à-vis du régime centralisateur — le seul dont nous trouvions dans les *Origines* la genèse exposée — un régime négatif puisque sa caractéristique est la réduction au minimum possible de l'action gouvernementale. C'est en l'envisageant de cette façon seulement que Taine pouvait en parler.

Et il en devait parler pour établir la comparaison entre ces deux régimes-types, comparaison qui devait lui permettre d'introduire les critiques qu'il adresse au premier et les louanges qu'il décerne au second.

Le régime de la centralisation à outrance a, en effet, d'après Taine, d'énormes inconvénients. Sous ce régime, les gouvernants et les gouvernés ne peuvent remplir convenablement leur mission ; l'Etat absorbe toutes les fonctions, il prétend assumer toutes les besognes. Or, « l'Etat est mauvais chef de famille, mauvais industriel, agriculteur et commerçant... médiocre administrateur de la province et de la commune, philanthrope sans discernement, directeur incompétent des Beaux-Arts, de la science, de l'enseignement et des Cultes » parce que « son ressort tout extérieur est insuffisant et trop faible pour soutenir et pousser les œuvres qui ont besoin d'un moteur interne, comme l'intérêt privé, les affections de famille, le patriotisme local, la curiosité scientifique, l'instinct de charité, la foi religieuse [1]. »

La grande faute du gouvernement centraliste est de méconnaître le « principe des spécialités ». Une même main ne peut manier habilement tous les outils dont se sert une nation pour satisfaire ses besoins et parfaire ses besognes. Chacun a ses outils propres, que seul il manie convenablement avec souplesse et économie ; la charité a ses hospices, les beaux-arts ont leurs musées et leurs académies, la finance a ses banques, la science a ses écoles, la religion a ses

1. *Les origines*. Régime Moderne, Tome I, pp. 186-187

églises. L'un ne peut suppléer l'autre, et, plus il est compétent chez lui, moins il est apte à la besogne des autres [1].

L'Etat, lorsqu'il devient trop absorbant, remplit donc mal les fonctions des individus auxquels il se substitue ; et il remplit plus mal encore les fonctions des corps qu'il prétend remplacer : son action est essentiellement maladroite et stérile [2].

Les individus, du fait de l'expropriation dont ils sont victimes, se trouvent isolés, forcément inutiles et impuissants ; ils ont été obligés de remettre à l'Etat le soin de remplir les charges que seuls ils pouvaient convenablement assumer. Et pour prix de cette abdication sociale, on leur accorde, en compensation, des charges administratives et des mandats politiques ; ils seront fonctionnaires et députés c'est-à-dire chargés d'exercer, de contrôler, de surveiller l'action gouvernementale qui partout les remplace. Et ici, « sans parler de la déplorable comédie, qui, tant de fois se joue autour du scrutin, mesurez le degré de confiance que je puis avoir en des mandataires » que je nomme sans les con-

---

1. *Ibidem*, p. 177. Note. — *Hist. Litt. Angl.*, Tome II, p. 470.
2. *Les origines. La Révolution*, Tome I, p. 224 et Tome III, p. 492.

naître. Et, en effet, le député que je charge de mon mandat, comment le connaitrais-je ? « Rien ne m'atteste son honorabilité ni sa compétence ; il n'a point de diplôme ou de répondant comme le précepteur ; il ne m'est point garanti par sa corporation comme le médecin... Je ne le connais que par sa profession de foi emphatique et vague, par des déclamations de journal, par des bruits de salon, de café ou de rue [1]. »

Considérez, au contraire, combien le régime de la décentralisation est préférable à cette « démocratie fondée sur la prédominance du nombre ! »

Au lieu d'une hiérarchie de fonctionnaires automates et inertes, au lieu de « cette colonie ambulante, qui vient, par ordre d'en haut administrer chacune de nos villes, de ces étrangers de passage, sans consistance, sans biens-fonds, intérêts ni liens locaux... éternels nomades... toujours prêts à déménager, pour s'en aller à cent lieues, moyennant cent écus d'augmentation, faire la même besogne abstraite », voyez combien sont préférables les fonctionnaires sous un régime de décentralisation : ils sont du pays, stables et satisfaits ; ils ne sont pas obsédés par

---

[1]. *Les origines. La Révolution*, Tome III, p. 131.

le désir de l'avancement ; dans l'enceinte de leur corporation ou de leur ville, ils ont une carrière... Ils contractent l'esprit de corps ; ils s'élèvent au-dessus de l'égoïsme individuel et mettent leur amour-propre à soutenir envers et contre tous les prérogatives et les intérêts de leur compagnie [1]. »

A côté de ces avantages sociaux, considérez les avantages politiques : « l'homme que le village députe chez l'intendant, ou que la corporation délègue à l'hôtel-de-ville, est, à l'ordinaire, le plus capable et le plus autorisé de la corporation ou du village, probablement l'un de ceux qui, par leur travail, leur intelligence, leur probité et leur économie ont le mieux prospéré ; quelque maître artisan ou laboureur, instruit par de longues années de pratique, de bon jugement et de bonne réputation. Par la force même des choses, cet homme s'imposait à l'attention, à la confiance de ses pairs, et parce qu'il est leur représentant naturel, il devient leur représentant légal [2].

La représentation n'est donc pas, comme dans la démocratie centralisée, fictive, mais réelle ; elle est la représentation des intérêts sociaux et

---

1. *Ibidem*, p. 419.
2. *Ibidem*, pp. 423-424.

non pas la représentation d'intérêts individuels, égoïstes et gloutons. Or, la représentation pour être réelle et effective doit être naturelle ; en effet, « représenter une personne ou une société grande ou petite, n'importe de quel genre, c'est la *rendre présente* là où elle n'est pas, décider, commander, faire à sa place et pour elle ce que, par absence, ignorance, insuffisance, ou tout autre empêchement, elle ne peut faire qu'en substituant à sa volonté incapable la volonté capable de son représentant... Ainsi dans les affaires publiques comme dans les affaires privées, mon véritable représentant est celui dont les décisions s'appuient sur mon adhésion ferme. — Que cette adhésion se manifeste ou non par un vote, peu importe ; les votes, les suffrages comptés sont de simples signes. L'essentiel est que l'adhésion soit et subsiste, écrite ou non bruyante ou muette. » Or, cette adhésion ne sera acquise aux représentants que s'ils sont naturels, c'est-à-dire s'ils ont naturellement qualité pour vouloir au nom de la personne ou du corps qui les charge de son mandat. Alors, « les représentants, étant naturels, sont effectifs ; l'adhésion qui les soutient, n'est pas glissante mais ferme. Ce sont bien ceux-là que le public veut à la tête des affaires, et non d'autres...

Chaque paroisse ou district connaît les siens ; un journalier les distingue aussi aisément que ferait un homme cultivé. Ils sont comme les cinq ou six plus grands arbres de l'endroit, reconnaissables au port et à la taille ; tout le monde jusqu'aux enfants, s'est reposé sous leur ombre et profite de leur présence. A défaut de lumières et de discernement fin, l'intérêt, l'habitude, la déférence et parfois la gratitude suffiraient pour rallier sur eux les suffrages ; car ce sont des prises tenaces que celles de la tradition, du sentiment et de l'instinct... [1] » Cette représentation naturelle devient alors le principe d'une organisation sociale très parfaite ; tous les intérêts sociaux s'y trouvent garantis et par leur réunion nécessaire, ils s'harmonisent en se contrebalançant : chaque groupe « sacrifie quelque chose de son privilège, et tous ces privilèges qui transigent entre eux et se soutiennent les uns les autres, composent par leur réunion, les libertés publiques [2]. »

La tendance centralisatrice, dans les pays

---

1. *Notes sur l'Angleterre*, pp. 218 à 220.
2. *Les origines*. Ancien Régime, p 81.

d'organisation démocratique, aboutit encore à d'autres conséquences dommageables au point de vue de l'organisation sociale. Le législateur y professe un esprit de défiance systématique vis-à-vis de l'association. Quand on affirme l'universelle compétence de l'Etat, et qu'on légitime son omnipotence, on ne tolère pas l'existence d'associations indépendantes ; elles restreindraient cette compétence et limiteraient cette omnipotence. Or, c'est là un mal, car « il est bon qu'il y ait à côté de l'Etat toutes sortes d'associations indépendantes : églises, sociétés de commerce, de charité, de science, de propagande politique ou autre [1]. » Les associations sont, en effet, l'intermédiaire indispensable entre les individus et l'Etat, pour donner à la société une véritable organisation ; elles sont nécessaires à la santé du corps social. Celui-ci, en réalité, est « un composé d'organes distincts et spéciaux, tous également naturels et nécessaires, chacun d'eux adapté par sa structure particulière à un emploi défini et restreint, chacun d'eux spontanément produit, formé, entretenu, renouvelé et stimulé par l'initiative, par les affinités réciproques, par le libre jeu de ses

---

1. *Vie*, Tome III, Appendice, pp. 330-331.

cellules ». Les partisans de la tendance centralisatrice prétendent que « parmi ces organes, il en est un d'espèce supérieure, l'Etat, siège de l'intelligence ; en lui résident la raison, la connaissance des principes, le calcul et la prévision des conséquences ; dans les autres il n'y a que des poussées brutes, tout au plus un instinct aveugle. C'est pourquoi l'Etat sait mieux qu'eux ce qui leur convient ; il a donc le droit et le devoir, non seulement d'inspecter et de protéger leur travail, mais encore de le diriger ou même de le faire ; à tout le moins d'y intervenir, d'opérer, par des excitations et des répressions systématiques, sur les tendances qui accolent et ordonnent en tissus vivants les cellules individuelles... A force d'ingérence, de refoulements et de tiraillements, il parvient à fabriquer des organes artificiels et médiocres qui tiennent la place des bons et empêchent les bons de repousser... [1] »

La défiance est poussée jusque sur le terrain religieux ; les associations religieuses sont proscrites comme les autres, peu importe qu'elles soient « comtemplatives et inoffensives, ou labo-

---

1. *Vie*, Tome IV, Appendice. L'association. On y trouve les dernières pages écrites par Taine, par lesquelles devait s'ouvrir le dernier volume des *Origines*, p. 352.

rieuses et utiles, que les maristes et les dominicains soient des instituteurs très aimés, que les trappistes travaillent à la terre et assainissent les marécages, que la vie de ces religieux soit sobre, chaste, désintéressée, fraternelle, que, pour persévérer dans cette vie pénible et de bon exemple, ils aient besoin de s'encourager et de s'édifier les uns les autres tous les jours et tout le jour, partant de vivre, travailler, prier, manger, habiter ensemble, il ne leur faut que cela, ils ne demandent que cela, rien de plus, et ils allèguent que la cohabitation volontaire, sous une règle acceptée est l'exercice le plus ordinaire et le plus innocent du droit le plus naturel et le plus universel ; en effet, continue ou intermittente, sous une règle expresse ou tacite, la cohabitation est le régime normal de toute famille, ferme, usine, atelier, ou même pension bourgeoise ou table d'hôte [1]. » Mais le régime de centralisation à outrance va jusqu'aux dernières conséquences du principe d'organisation sociale qu'il impose, et ce n'était pas outrepasser les limites d'une étude de philosophie sociale, que de noter les atteintes qu'il porte à l'exercice des droits les plus naturels.

1. *Ibidem,* pp. 356-357. Taine vise ici le décret du 29 mars 1880.

.*.

Enfin, voici un domaine où l'action de l'Etat est particulièrement maladroite et nuisible ; nulle part son intervention n'est aussi néfaste qu'en matière d'enseignement. L'Etat, en effet, est mauvais instituteur : son enseignement imposé et uniforme va toujours en deçà ou au delà des besoins qu'il prétend satisfaire ; il violente la tradition familiale, méconnaît les convenances individuelles et les besoins locaux. De plus, — et ceci est plus grave encore — il déclasse par un enseignement disproportionné, ceux qu'il prétend instruire. « Sur dix élèves de l'école primaire, fils ou filles de paysans, neuf resteront dans la condition de leurs parents. » Or, « entre leur destinée d'adulte et la plénitude de leur instruction primaire, la disproportion est énorme ; manifestement leur éducation ne les prépare point à leur vie, telle qu'ils l'auront, mais à une autre vie, moins monotone, moins restreinte, et qui, vaguement entrevue, la dégoûtera de la leur [1]. » Dans l'un et l'autre cas, s'ils demeurent dans la condition de leurs parents, ou s'ils veulent vivre de cette vie moins

---

[1]. *Les origines.* Régime Moderne, Tome III, pp. 360-361. — Ancien Régime, p. 35.

monotone, vaguement aperçue, leur instruction les aura révoltés ou déracinés. Au contraire, lorsque l'école est, non pas une succursale du Ministère de l'Instruction publique, mais une institution locale, spontanée, « suscitée par l'entente des parents et des maîtres, par suite, subordonnée à cette entente, » lorsqu'elle se multiplie suivant les circonstances et les besoins locaux pour créer des rivales « flexibles, soumises à la loi de l'offre et de la demande, chacune d'elles attentive à conserver sa clientèle, chacune d'elles forcée, comme toute autre entreprise privée d'ajuster son œuvre aux convenances et aux facultés de ses clients », l'instruction est proportionnée aux exigences sociales des élèves [1]. Elle ne déclasse pas, elle ne révolte pas, elle ne déracine pas ; elle est utile au lieu d'être nuisible, elle donne à chacun les connaissances qui le perfectionneront dans son métier, suivant les traditions de son milieu et les exigences de sa classe.

Involontairement, l'analyse tourne au réquisitoire. Nous verrons plus loin, à propos de la

---

1. *Ibid.* Régime Moderne, Tome III, pp. 313-314.

Politique de Taine, que son ardeur à dénoncer les défauts de l'organisation démocratique et à vanter les avantages de l'organisation aristocratique et traditionaliste, l'amena à condamner la première et à défendre la seconde. Dans cette étude de la genèse des institutions sociales, il s'était proposé de maintenir jusqu'au bout l'attitude impassible qui convient à un déterministe et à un « naturaliste de l'esprit. » Nous aurons à examiner plus loin jusqu'à quel point il s'est conformé à la discipline qu'il s'était imposée. Mais avant cela, nous avons à juger sa doctrine sociologique en elle-même, à apprécier l'analyse avant d'examiner les conclusions qui s'annoncent et qu'on pressent.

**

Notre critique ne sera pas longue. Nous trouvons, en effet, dans la sociologie spéciale de Taine une application immédiate de sa loi des Facteurs Primordiaux. Nous ne pourrions que répéter les objections que nous lui avons adressées plus haut. Il ne nous restera donc qu'à établir le bien-fondé de celles-ci, en faisant ressortir l'impuissance et l'échec de la théorie des milieux dans les applications que Taine en a faites.

Pour lui, les institutions d'un peuple sont nécessairement conditionnées par les caractères du climat moral où elles éclosent, et toutes ensemble sont conditionnées et coordonnées par l'effet d'une tendance prédominante, d'une « faculté maîtresse ». On retrouve ici, élargie, une des théories de sa psychologie.

Or, cette conception systématique des éléments d'une civilisation est manifestement erronée. L'histoire ne fournit aucun exemple qui la puisse justifier. Il peut être très utile d'établir, comme Taine le fait, des comparaisons nombreuses entre la science de l'humanité et les sciences naturelles et physiques ; mais c'est là un procédé de méthode, et il faut se garder d'identifier sans raison les deux termes de la comparaison. Représenter l'ensemble des institutions comme un organisme, doué d'une vie propre et se développant d'après des lois particulières, c'est très suggestif, mais c'est là une image. M. Robert Flint dit très bien : « il n'y a pas de machine ou d'organisme de l'espèce [1]. » Une pareille conception montre à l'évidence que Taine, après s'être efforcé de rechercher des analogies nombreuses entre les sciences mora-

---

[1]. Robert Flint, *History of the Philosophy of History*, op. cit., pp. 633-634.

les et les sciences naturelles, a fini par les identifier.

D'ailleurs, il est une épreuve décisive où l'insuffisance de la théorie apparaît d'une façon manifeste. Appliquée à notre civilisation occidentale, pendant les deux ou trois derniers siècles, pourrait-elle découvrir une faculté maîtresse qui, dans une formule simpliste, résumât cette civilisation tout entière ? Qu'on essaie, et l'on verra si l'on peut faire tenir dans les limites étroites d'une formule, les tendances multiples et infiniment variées qui composent un état social et remplissent une page d'histoire. Lorsqu'on cesse de considérer les courants secondaires, les institutions moins durables et les événements moins importants, lorsqu'on expérimente sur les civilisations éteintes et les institutions disparues, la chose est plus aisée : on n'a égard qu'aux institutions les plus considérables et aux courants les plus larges. Mais alors on renonce à conserver à la théorie son caractère de loi naturelle, et Taine n'eût, sans doute, jamais consenti à cette déchéance partielle mais significative du système.

**

Il n'est pas d'étude que Taine ait abordé avec

un état d'esprit moins positiviste que son étude des religions. Son procédé est ici essentiellement déductif ; son système panthéiste lui dictait l'interprétation du phénomène religieux. Les choses sont divines ; dès lors toute religion ne peut être que la traduction des émotions que ces choses font naître en nous. Taine n'envisage même pas la question d'une Révélation divine ; c'eût été remettre en question le principe même de l'Univers. Il ne s'agissait pour lui que de donner une explication « naturaliste » de l'universalité du phénomène, mais l'explication est purement déductive. S'il avait été fidèle au principe de sa méthode positiviste, il aurait cherché à l'induire de l'étude des faits. Or, nulle part, il n'a tâché à pénétrer le sens d'une religion quelconque ; il est demeuré étranger au sens intime ou profond de toutes les religions. Aussi ses conclusions restent-elles totalement étrangères à la solution du problème de la valeur intrinsèque des doctrines religieuses. Elles tendent seulement à établir que la religion, comme toute autre institution humaine, est un produit du milieu ; en elle-même, elle est la traduction des émotions profondes que produit en nous le spectacle de la nature, mais les caractères de cette traduction ne diffèrent pas de ceux que déterminent les aptitudes de la race et les nécessités du milieu.

Une étude même superficielle des religions montre combien cette affirmation est fausse. Si elle était exacte, il devrait apparaître clairement que la religion que professe un peuple ou une race doit être nécessairement celle qu'il a embrassée. Taine prétend que par une rencontre admirable, chaque peuple a entendu la voix unique qui seule pût interpréter les émotions qui germaient dans les âmes. « La rencontre serait admirable, effectivement — écrit M. Lacombe. — Mais la preuve s'il vous plaît ? Par exemple, la preuve que l'islamisme était la seule religion que pussent comprendre les hommes qui l'ont embrassée — ou subie — où Taine la voit-il ? Où est la preuve que l'Hindou, le Mongol, le Germain, le Latin, le Slave aient reçu la *seule* religion qui fût adaptée à des besoins profonds, à des facultés héréditaires ?... Encore une fois, que tel peuple ait reçu telle religion, c'est un fait ; mais que ce peuple ne fût pas susceptible de recevoir une autre religion, c'est une supposition que le fait allégué ne soutient pas [1]. »

---

1. Paul Lacombe, *De l'esprit classique dans la Révolution française selon Taine. Revue de Métaphysique et de Morale*, septembre 1907, pp. 580-581.

D'ailleurs, si véritablement les religions avaient ce caractère de correspondance nécessaire et exclusive avec les aptitudes de ceux qui les professent, comment pourrait-on expliquer les changements de religion ? On trouve de nombreux exemples dans l'histoire de ces conversions de peuples qui impliquent le renoncement à des doctrines invétérées dans la race, à des pratiques traditionnelles et respectées. Le christianisme a bouleversé de fond en comble les conceptions religieuses en honneur chez les Grecs et les Romains.

« Partout, dans le premier âge de l'humanité, on avait conçu la divinité comme s'attachant spécialement à une race. Les Juifs avaient cru au Dieu des Juifs, les Athéniens à la Pallas athénienne, les Romains au Jupiter capitolin. Le droit de pratiquer un culte avait été un privilège. L'étranger avait été repoussé des temples ; le non-Juif n'avait pas pu entrer dans le temple des Juifs ; le Lacédémonien n'avait pas eu le droit d'invoquer Pallas athénienne... Le christianisme présenta à l'adoration de tous les hommes un Dieu unique, un Dieu universel, un Dieu qui était à tous, qui n'avait pas de peuple choisi et qui ne distinguait ni les races ni les familles, ni les Etats. Pour ce Dieu il n'y avait plus d'étrangers... Le temple fut ouvert à quiconque crut en Dieu... il y eut désormais un enseignement religieux, qui ne se donna pas seulement, mais qui s'offrit, qui se porta au devant des plus éloignés, qui alla chercher les plus indifférents. L'esprit de propagande remplaça la loi d'exclusion [1]. »

Un pareil événement ne s'expliquerait pas si la religion était, comme le prétend Taine, un simple produit du milieu et de la race. On ne verrait pas un peuple changer ainsi de religion, car ce changement impliquerait un changement préalable dans ses façons de sentir et de penser. Or, un pareil changement c'est le renouvellement de la race, et nous savons que les conversions religieuses des peuples ne s'accompagnaient pas toujours d'une conquête à demeure.

On aperçoit ici, plus manifestement peut-être que partout ailleurs, l'insuffisance de la théorie des milieux, et nous sommes donc fondés à répéter que cette théorie n'indique que quelques-uns des éléments qui conditionnent l'évolution de l'humanité et la genèse de ses institutions.

[1]. Fustel de Coulanges, *La Cité Antique*. Paris, Hachette, 1893, pp. 459-460.

***

Tout en contestant le caractère de nécessité absolue attribué par Taine aux causes qui ont provoqué l'avènement d'un régime de centralisation à outrance, nous pensons qu'il a très heureusement démêlé la série des conséquences qu'un pareil régime suscite dans l'économie d'une organisation sociale. Il est très exact d'affirmer que l'intervention abusive de l'Etat dans les matières qui ne rentrent pas dans le champ de sa compétence naturelle, y produit des troubles et des perturbations néfastes. L'Etat n'est pas qualifié pour organiser l'enseignement, pour se substituer aux associations indépendantes, pour exproprier l'initiative privée dans les affaires et dans les œuvres qui ont besoin d'un moteur interne et indépendant. Son action est trop uniforme et trop générale pour remplir efficacement les services multiples qui conditionnent le gouvernement d'une nation. Il semble que Taine ait vu très clair dans ce danger qui menace toutes les nations organisées d'après les principes de la Révolution française.

Quoi qu'on dise de la valeur de la méthode historique qui a présidé aux recherches des *Origines de la France contemporaine*, ces conclusions demeurent intactes. Sans doute, cette méthode est dangereuse et condamnable ; elle laisse le champ libre aux tendances systématiques, et, appliquée à une période quelconque de l'histoire, elle pourrait étayer, selon les cas, des conclusions diamétralement opposées. Elle prétend en effet, aboutir à des résultats certains, en n'ayant égard qu'à quelques faits significatifs ; or, cette signification sera la plupart du temps relative, c'est-à-dire de nature à établir des idées préconçues et des systèmes arrêtés.

Mais, en toute hypothèse, ces défauts de méthode ne pourraient amoindrir que la valeur historique des *Origines* ; ils ne pourraient enlever aux résultats d'une analyse de pure philosophie sociale, leur efficacité probante et leur portée.

Il appartient aux historiens de contrôler la valeur des *Origines*, au point de vue de leur exactitude historique et de leur sincérité.

CHAPITRE VII

L'ESTHÉTIQUE.

L'objet de l'Esthétique est de rechercher l'explication complète des beaux-arts et de l'art en général. La méthode peut être conçue de deux façons: elle sera tantôt historique, c'est-à-dire qu'elle prendra pour point de départ des *faits* ; tantôt dogmatique, c'est-à-dire qu'elle prendra pour point de départ des *définitions*.

Taine, en abordant la philosophie des beaux-arts, ne pouvait hésiter ; son système ne lui permettait pas le choix. Dans une des premières leçons qu'il fit à l'Ecole des Beaux-Arts, il prit très nettement position.

« Notre esthétique, disait-il, est moderne et diffère de l'ancienne en ce qu'elle est historique et non dogmatique, c'est-à-dire qu'elle n'impose pas de préceptes, mais qu'elle constate des lois. L'ancienne esthétique donnait d'abord la définition du beau, et disait, par exemple, que le beau est l'expression de l'idéal moral, ou bien que le beau est l'expression de l'invisible, ou bien encore que le beau est l'expression des passions humaines; puis, partant de là comme d'un article de code, elle absolvait, condamnait, admonestait, guidait. Je suis bien heureux de ne pas avoir une si grosse tâche à remplir... Mon seul devoir est de vous exposer des faits et de vous montrer comment ces faits se sont produits. La méthode moderne que je tâche de suivre et qui commence à s'introduire dans toutes les sciences morales, consiste à considérer les œuvres humaines, et en particulier les œuvres d'art, comme des faits et des produits dont il faut marquer les caractères et marquer les causes ; rien de plus. Ainsi comprise, la science ne proscrit ni ne pardonne ; elle constate et explique [1]. »

Une pareille conception de l'esthétique ne pouvait admettre de définition qu'à titre de conclusions, comme des résumés d'expériences et des vues d'ensemble de faits. Aussi la philosophie des beaux arts de Taine ne les prodigue-t-elle

1. *Phil. de l'Art*, Tome I, pp. 11-12.

pas, et celles qu'elle hasarde ont un caractère strictement expérimental.

« La Beauté dans un objet est la propriété de faire naître en nous cette sensation agréable, très élevée et très noble, indépendante de toute vue intéressée, et qui est la simple augmentation de notre action pensante. Mais les cerveaux étant différents, la même sensation a pour les différents cerveaux des causes différentes. Il faut des métaphores furieuses à un Hébreu ou à un Arabe, de longs discours à un Grec, etc. On ne peut faire qu'une chose : donner la formule de son goût, c'est-à-dire exprimer la condition nécessaire et suffisante de son plaisir [1]. »

Le Beau est donc tout relatif ; dès lors, pour déterminer la valeur d'une œuvre d'art, il faudra déterminer la mesure dans laquelle elle est capable de susciter la sensation du Beau. La qualité de cette sensation étant essentiellement relative et variable, on ne pourra désigner *a priori* l'élément susceptible de la provoquer chez tous les individus et à toutes les époques. On ne pourra donc définir l'œuvre d'art que de cette façon générale et imprécise : l'œuvre d'art est celle qui est capable de faire naître une sensa-

---

1. *Vie*, Tome II, p. 72.

tion agréable, noble, élevée, désintéressée, source de plaisir parce que cause d'augmentation de notre action pensante.

Mais si l'on ne peut déterminer *a priori* quels sont les objets qui constituent véritablement des œuvres d'art, on peut cependant rechercher comment l'œuvre d'art manifeste l'élément qui constitue sa beauté. C'est l'étude par laquelle Taine ouvre sa *Philosophie de l'Art* ; l'examen détaillé des faits l'amène à conclure que : « l'œuvre d'art a pour but de manifester quelque caractère essentiel ou saillant, partant quelque idée importante, plus clairement et plus complètement que ne le font les objets réels. Elle y arrive en employant un ensemble de parties liées, dont elle modifie systématiquement les rapports. Dans les trois arts d'imitation, sculpture, peinture et poésie, ces ensembles correspondent à des objets réels [1]. »

L'esthétique moderne n'exige pas d'autres préambules théoriques. Quand on s'est rendu compte de ce qui constitue la beauté, et de la manière dont les produits de l'activité humaine l'acquièrent, la manifestent et, partant deviennent des œuvres d'art, on peut aller de l'avant

---

1. *Phil. de l'Art*, T. I, pp. 41-42.

avec ce mince bagage de principes ; il reste alors à faire de l'histoire, à aborder les faits.

Aussi, la *Philosophie de l'Art* a-t-elle l'allure d'une histoire de l'Art ; mais c'est de l'histoire organisée, de l'histoire qui doit prouver des théories et soutenir un système. Taine n'a d'ailleurs jamais compris l'histoire que de cette façon. Son esthétique semble être tout entière dans les conclusions qui se dégagent de l'exposé des faits, mais elle est aussi dans les raisonnements que le système inspire.

Les faits étudiés par Taine sont nombreux ; il y a une vue d'ensemble sur les quatre grands moments de la civilisation européenne, l'antiquité grecque et romaine, le moyen âge féodal et chrétien, les monarchies nobiliaires et régulières du XVIIe siècle, et la démocratie industrielle régie par les sciences, dans laquelle nous vivons aujourd'hui ; il y a une étude minutieuse et détaillée de la peinture de la Renaissance en Italie, de la peinture dans les Pays-Bas, et de la sculpture en Grèce.

Les raisonnements s'inspirent du système et viennent par conséquent confirmer les lois antérieurement établies ; l'esthétique de Taine n'est, en effet, que l'application à la solution des questions esthétiques, de sa loi des Facteurs Primordiaux. C'était logique ; la production des œuvres d'art ne pouvait échapper à l'empire des « divinités du monde social ».

La loi de la production artistique peut s'énoncer ainsi : « L'œuvre d'art est déterminée par un ensemble qui est l'état général de l'esprit et des mœurs environnantes. »

La preuve expérimentale de cette loi ressort de l'examen des faits ; Taine y a consacré une très large étude ; nous venons d'en rappeler l'objet.

La preuve de raisonnement consiste à montrer, non seulement qu'en fait, la dépendance entre les œuvres d'art et l'état général de l'esprit et des mœurs, est rigoureuse, mais encore qu'elle doit l'être. Pour cela, on analyse cet état ; « on cherche d'après les règles ordinaires de la nature humaine, les effets qu'un pareil état doit produire sur le public et sur les artistes, partant sur l'œuvre d'art. On en conclut une liaison forcée et une concordance fixe, et l'on établit comme une harmonie nécessaire ce qu'on avait observé comme une simple rencontre [1] ». Le chaos des faits disparaît ; à leur place, les yeux du penseur voient un ordre et

---

1. *Phil. de l'Art*, T. I, pp. 49-50. — *Voyage en Italie*, T. I, p. 5.

une harmonie qui trahissent l'action d'une loi Les œuvres d'art perdent leur caractère artificiel et deviennent en quelque sorte le couronnement de la nature ; « les grandes forces qui façonnent l'humanité sont des ouvriers insuffisants ; elles ne font leur œuvre qu'à demi, elles ne produisent que des ébauches ; mais ce qu'elles ont ébauché, l'art l'accomplit [1] ». La production des œuvres d'art prolonge l'action des lois naturelles ; comprendre les œuvres d'art, c'est donc saisir les lois qui les régissent, c'est apercevoir la nature sous l'artifice humain, et sentir son action harmonieuse à travers le désordre des choses et le tourbillon des faits. Aussi l'initiation aux véritables mérites des œuvres d'art est-elle le plus souvent toute intellectuelle ; Taine prétendait n'avoir « compris les arts que par la pensée, et le beau, que par la philosophie et l'analyse [2] ».

Nous avons vu plus haut la façon dont la race, le milieu et le moment façonnent les institutions et le génie d'un peuple. Ces facteurs créent une température morale dont le degré n'est compatible qu'avec une certaine nature de talents et certains caractères d'institutions.

1. *Derniers Essais de Critique.* L'Art. p. 306.
2. *Vie*, Tome I, p. 79.

Les œuvres d'art n'échappent pas à cette loi de sélection et d'adaptation ; ce qui le manifeste, c'est la tendance d'un peuple ou d'une race à perpétuer un certain état des esprits et des mœurs, à maintenir un niveau permanent dans ses goûts et ses plaisirs. « Entre les innombrables espèces et degrés de plaisirs, il en est un particulier à chaque âme d'individu ou de peuple, c'est son *état préféré ;* elle y va et y revient sans cesse et naturellement, comme l'eau va vers les lieux bas ; si discordants et si lointains que soient ses circuits, si divers et si cachés que soient ses canaux, ils aboutissent toujours là ; l'eau s'arrête, se détourne ou devient stagnante dans ceux qui la conduiraient ailleurs ; et la conspiration involontaire et continue de toutes ses parties l'amène enfin, par le ravinement des terres et l'usure des roches, à l'endroit que d'avance elle semble avoir choisi [1]. »

Recherchez les caractères et les éléments de cet état préféré, et vous constaterez qu'il est toujours en concordance parfaite avec les besoins de la race et les nécessités du climat.

Or, les œuvres d'art, dans leur ensemble, tra-

---

[1]. **Essais de Critique.** Madame d'Aulnoy, p. 317.

duisent toujours cette tendance vers l'état préféré : « les arts se modèlent sur les goûts, comme un bronze sur un moule [1] ».

Taine a longuement développé dans sa *Philosophie de l'Art*, un cas très simple, « simplifié exprès », pour faire voir comment la température morale agit sur les œuvres d'art. En voici les grandes lignes : supposé un état d'esprit dans lequel la tristesse est prédominante, comment agira-t-il sur la production artistique ?

« Regardons les effets d'un tel état d'esprit, joint aux circonstances qui l'engendrent, sur les artistes de ce temps. Nous admettons qu'il se rencontre alors à peu près la même quantité de tempéraments mélancoliques, joyeux, intermédiaires entre la mélancolie et la joie, que dans les autres époques. Comment et dans quel sens la situation régnante va-t-elle les transformer ? Il faut d'abord remarquer que les malheurs qui attristent le public attristent aussi l'artiste. Comme il est une tête de troupeau, il subit les chances du troupeau...

« D'autre part, l'artiste a été élevé parmi des contemporains mélancoliques ; partant les idées qu'il a reçues dans son enfance et celles qu'il

---

[1]. *Derniers Essais de Critique*. Les Beaux-Arts en France, p. 55.

reçoit encore tous les jours sont mélancoliques... Toutes ces impressions — tristes — s'enfoncent en lui depuis la première année de sa vie jusqu'à la dernière, et aggravent incessamment la mélancolie qui lui vient de ses propres maux. Elles l'aggravent d'autant plus qu'il est foncièrement artiste...

« Il y a encore une raison, la plus forte de toutes, qui le tourne vers les sujets tristes : c'est que son œuvre, une fois exposée aux yeux du public, ne sera goûtée que si elle exprime la mélancolie. En effet, les hommes ne peuvent comprendre que des sentiments analogues à ceux qu'ils éprouvent. Les autres sentiments, si bien exprimés qu'ils puissent être, n'ont point de prise sur eux ; les yeux regardent, mais le cœur ne sent pas, et, tout de suite les yeux se détournent...

« Par cette série de barrières, tout passage sera fermé aux œuvres d'art qui voudraient manifester la joie. Si l'artiste franchit la première, il sera arrêté par la seconde, et ainsi de suite...

« Considérez maintenant le cas inverse... toute l'analyse que nous venons de faire s'y applique mot à mot... ; considérez un cas intermédiaire..., l'analyse s'applique avec une exactitude égale...

« Concluons donc qu'en tout cas, compliqué ou simple, le milieu, c'est-à-dire l'état général des mœurs et de l'esprit, détermine l'espèce des œuvres d'art, en ne souffrant que celles qui lui sont conformes, et en éliminant les autres espèces, par une série d'obstacles interposés et d'attaques renouvelées à chaque pas de leur développement [1]. »

Telle est la loi de la production artistique et telle est la loi qui résume toute l'esthétique de Taine. Dans tout le reste de son ouvrage, il entreprend l'étude des cas réels que nous avons énumérés plus haut, cherchant à faire voir, dans le tableau des principales époques historiques, la vérification de la loi.

La dernière partie du livre traite de l'Idéal dans l'Art. Nous y reviendrons dans l'examen des normes de la philosophie de Taine.

***

Taine s'illusionnait en prétendant que son esthétique est moderne ; la méthode historique qu'il a prétendu suivre impose des conditions auxquelles il n'a pu se soumettre.

Au fond, la formule de son esthétique est

[1]. *Phil. de l'Art*, Tome I, pp. 57 à 63.

bel et bien le résultat d'un procédé dogmatique. Sans doute, il a écarté systématiquement cet ensemble de définitions qui encombraient l'ancienne esthétique ; mais il y avait là en quelque sorte du dogmatisme intrinsèque. Taine a versé dans le dogmatisme extrinsèque, c'est-à-dire qu'il a procédé par voie déductive, partant des règles ordinaires de la nature humaine pour aboutir, par des raisonnements, à l'établissement des lois qui régissent l'activité humaine dans le domaine des arts. Or, ces lois ordinaires de la nature humaine n'étaient autres que celles qui constituent sa sociologie ; la théorie des milieux *devait* fournir la formule définitive de l'esthétique. L'histoire, chez Taine, est le plus souvent un masque, destiné à maintenir l'apparence du procédé positiviste et inductif, et à couvrir le dogmatisme du procédé déductif. En réalité, dans ses investigations historiques, Taine cherche, non à découvrir des lois, mais à en vérifier. Ces lois sont élaborées *a priori*, comme des projections du système ; les faits devront s'y adapter, se plier aux exigences des cadres imposés, devenir « significatifs », ou rentrer dans le silence et rester dans l'oubli.

Cet emploi factice de la méthode positiviste

apparaît très clairement dans la *Philosophie de l'Art*. Aussi bien, les faits que révèle l'histoire de l'art sont-ils plus malléables, plus dociles à fournir la signification qu'on exige d'eux. C'est pourquoi l'esthétique de Taine garde, au premier regard, avec sa puissante originalité, des apparences d'impartialité qui fascinent les esprits non prévenus. Car c'est vraiment de la fascination qu'elle exerce : les raisonnements sont bien conduits, les faits invoqués les soutiennent puissamment, et l'on ferme le livre à peu près convaincu, toujours enthousiasmé [1].

Mais à la réflexion, on s'aperçoit bientôt que la prétendue vue d'ensemble est restée fragmentaire, que l'explication est tendancieuse, que les lacunes sont nombreuses ; on sent l'influence d'un système qui impose des preuves et cherche une vérification. Or, des préoccupations systématiques entraînent presque toujours une sorte de cécité vis-à-vis de tout ce qui contredit ou simplement n'établit pas l'idée préconçue.

Taine concevait la Renaissance italienne comme une renaissance de l'antiquité classi-

---

1. Johannes Schlaf, *Kritik der Taineschen Kunsttheorie*. — Wien und Leipzig, 1906. M. Schlaf est un « converti » : grand admirateur de l'esthétique de Taine, il en est revenu, et il en donne dans cette brochure une critique serrée et sévère.

que. Toute son étude sur cette époque historique est imprégnée de ce préjugé, et tous ses efforts tendent à en établir le bien fondé. On a souvent noté la fausseté de cette conception.

« De même qu'on ne peut pas dire, écrit M. Venturi, que la langue du Dante et de l'Arioste soit une renaissance de la langue latine, ainsi l'on ne peut pas affirmer que l'art de Giotto, de Donatello, de Léonardo et tous les autres héros qui tâchèrent d'atteindre le but suprême assigné par Dante à l'artiste : *la vérité de la vie*, soit une renaissance de l'antiquité classique. La suprématie de cette dernière sur l'art nouveau caractérisa la Renaissance, forma le grand art, selon Taine. Pour nous, au contraire, elle détermina la fin du mouvement ascensionnel de l'art, c'est-à-dire la décadence. La grande et profonde sincérité n'existait plus; dans l'effort pour grandir les formes, l'art avait perdu ses rapports directs avec la nature, son caractère intime, son esprit ; il ne parlait plus, mais déclamait à la façon des rhéteurs... [1] »

A introduire une conception systématique dans l'histoire de l'art, on aboutit à fausser la

---

1. Adolfo Venturi, *Taine, historien de l'Art*. Lettre à Monsieur le Professeur Giacomo Barzellotti. Publiée en appendice à l'ouvrage de Barzelotti, *op. cit.*, pp. 422-423.

plupart des résultats qu'on prétend établir. Les progrès artistiques ne suivent pas une évolution unilinéaire ; il y a, au sein de toute civilisation, des tendances diverses, des défaillances partielles, des floraisons soudaines et exceptionnelles. Taine ne l'a jamais compris; de là, la méconnaisance de certaines formes d'art, le dédain pour des mérites souvent très réels, le silence et l'oubli pour toutes les manifestations artistiques qui contredisent sa formule ou débordent de ses cadres [1].

Le défaut de la théorie des milieux apparaît ici très clairement ; à lui reconnaître le caractère d'une véritable loi naturelle, on la réduit à l'impuissance. Dans son préjugé déterministe, elle ne tient pas compte de cet élément qui tient en échec toutes les prétendues lois historiques : la liberté humaine.

La formule de l'esthétique de Taine aura l'utilité que présentent toutes les théories bien faites ; car, « ce sont, écrit M. Anatole France, des étagères indispensables pour ranger les faits dans des compartiments [2] ». Or, le classement artificiel correspond souvent, dans une

---

[1]. Jules Destrée, *Notes sur les Primitifs italiens. Sur quelques Peintres de Sienne.* Bruxelles, Dietrich, 1903, p. 15 et sq.
[2]. Anatole France, dans le *Temps* du 12 mars 1893.

certaine mesure, à l'ordre réel ; c'est pourquoi la théorie des milieux peut être à certains points de vue très utile, et aboutir parfois à des résultats heureux.

C'est là un mérite qu'on ne peut méconnaître, et qui, joint aux qualités de style et d'érudition des ouvrages d'esthétique de Taine, les rangera, « malgré les erreurs qui les déparent, parmi les œuvres remarquables de la littérature du XIX° siècle [1] ».

1. R. P. At, *Taine, philosophe, esthète, historien*. Paris, Arthur Savaète, p 32.

DEUXIÈME PARTIE

LES NORMES

CHAPITRE VIII

LA MORALE.

Pour qui prétend que la liberté humaine est un leurre, un mirage de la conscience trompeur et chimérique, la morale ne peut être, évidemment, un ensemble de maximes obligatoires dont l'observation par l'homme serait pour lui, à la fois, la condition et le gage de la réalisation d'une fin supérieure. L'homme n'est pas le maître de ses actes ; son esprit et sa volonté, comme toutes les choses de la nature, obéissent à des lois nécessaires et inéluctables: « le monde moral, comme le monde physique, est soumis à des lois fixes, une âme a son mécanisme comme une plante... [1] » L'homme

---

1. *Essai sur Tite-Live*, p. 330. — *Hist. Litt. Angl.*, T. IV, p. 238. — *Essais de Critique*, Michelet, p. 131.

est un ensemble de tendances instinctives qui se fixent selon leur force propre. Dès lors, la morale, pour être efficace, doit rechercher quels sont ces instincts, les conditions de leur apparition et les éléments de leur force prédominante.

« Matériellement et moralement, je suis un atome dans un infini d'étendue et de temps, un bourgeon dans un baobab, une pointe fleurie dans un polypier prodigieux qui occupe l'océan entier, et génération par génération, émerge, laissant ses innombrables supports et ramifications sous la vague ; ce que je suis m'est arrivé et m'arrive par le tronc, la grosse branche, le rameau, la tige dont je suis l'extrémité ; je suis pour un moment et sur un point, l'aboutissement, l'affleurement d'un monde paléontologique englouti, de l'humanité intérieure fossile, de toutes les sociétés superposées qui ont servi de supports à la société moderne, de la France de tous les siècles, du XIXᵉ siècle, de mon groupe, de ma famille... De telles idées rabattent les exigences et rattachent la volonté de l'individu à quelque chose de plus étendu, de plus durable et de plus précieux que lui... Comme conseil pratique, elles lui disent que ses exigences sont ridicules, que pour le bonheur tel quel auquel il peut aspirer, l'indication essentielle est donnée par ses instincts, que ses instincts prédominants sont indiqués par l'histoire... [1]. »

Il y a donc lieu, comme pour l'esthétique, d'introduire dans la morale une méthode nouvelle, de remplacer la morale ancienne qui était dogmatique, par une morale moderne qui sera historique. Taine écrivait à M. Fouillée, que s'il en avait eu le loisir, il aurait fait un traité de morale d'après la même méthode que son traité d'esthétique, c'est-à-dire « expérimentalement, en analysant et comprenant les principaux systèmes de morale pratiqués en Chine, chez les Bouddhistes, chez les Grecs du temps de Cimon et les Romains du temps de Caton l'Ancien, dans le christianisme primitif, en France sous saint Louis, dans l'Italie de 1500, dans l'Espagne de 1600, etc. ; et j'aurais tâché de finir par un chapitre intitulé de l'*Idéal dans la vie*, analogue à celui que j'ai écrit sur l'*Idéal dans l'art* [2] ».

En réunissant les éléments de morale, qu'on trouve de temps en temps sous la plume de

---

1. *Vie*, Tome III. Appendice. Extrait des notes préparatoires pour les *Origines*, pp. 310-311.
2. *Vie*, Tome IV, pp. 172-173.

Taine, on peut se faire une idée de la morale scientifique qu'il rêvait d'écrire.

Elle eût eu, sans doute, comme premier principe, l'affirmation du déterminisme, dont l'histoire fournit les preuves les plus solides. Or, admettre le déterminisme en morale, c'est exclure le ton impératif de ses préceptes et le caractère obligatoire de ses maximes. Si je ne suis pas libre, ne prétendez pas m'imposer des obligations auxquelles il faudrait me soumettre, ni des devoirs que j'aurais à remplir. Tout ce que vous pouvez faire, c'est me dire ce qui, en fait, d'après les résultats de votre expérience ou de celle d'autrui, réalise le mieux telle aspiration, atténue le plus telle souffrance. Vous pouvez même aller jusqu'à me dire la façon dont en général mes congénères jugent telle ou telle manière d'agir, ce qu'ils entendent par une vie honnête. Peut-être parviendrez-vous par là à faire naître en moi des tendances assez puissantes pour me faire agir dans tel sens ; peut-être serez-vous aussi habile pour faire jouer en moi le ressort qui fera de moi ce que vous appelez un honnête homme et un heureux vivant.

Ce qui est bien, jugé honnête par vos congénères, répond Taine, n'est pas identique à ce qui est bon, jugé par vous, utile et profitable pour vous. La plupart des moralistes ont affirmé cette identité ; ils estimaient que la fin d'un être c'est son bien ; l'observation de certaines règles morales était selon eux, la condition de l'obtention de la fin, et constituait la moralité et l'honnêteté de la conduite ; d'autre part, cette observation des préceptes de la morale était aussi le moyen le plus sûr de nous rendre parfaitement heureux et de satisfaire pleinement tous nos désirs et toutes nos aspirations. Or, rien n'est plus faux ; ne constatons-nous pas, en effet, que le bonheur est souvent le lot des coquins, tandis que la vertu s'accompagne du malheur [1] ? Les partisans de la morale dogmatique et spiritualiste prétendent, il est vrai, que le bonheur ou le malheur que les hommes éprouvent dans cette vie, ne doit être compté pour rien; l'ère des récompenses et des châtiments n'est pas de ce monde, elle commence avec une autre vie, au delà de la tombe. Mais c'est là une conception chimérique enfantée par des imaginations aux abois [2]. En réalité, l'homme n'est qu'un membre du grand dieu répandu en toutes choses, sa vie n'est qu'un instant de la durée éternelle du Tout parfait et infini. L'homme ne peut donc

1. *Vie*, Tome II, p. 31.
2. *Hist. Litt. Angl.*, Tome II, p. 187.

pas perdre de vue la condition dans laquelle il se trouve ; elle n'est pas meilleure que celle du commun des êtres de la nature. Nous ne sommes, en effet, que des animaux de haute espèce, mieux organisés que nos pères et, partant, capables d'une civilisation plus avancée [1]. Nous sommes nés sociables, destinés à vivre au sein de groupements plus ou moins larges, et dès lors nous sommes susceptibles d'être utiles ou nuisibles à nos congénères ; c'est dans ces résultats de notre activité au sein de la société, qu'il faudra rechercher le critère de la moralité ou de l'honnêteté de notre conduite. La morale trouve ici son premier objet, le bien ; ce qui est bon, utile pour nous constitue un second objet de la morale, mais tout à fait indépendant du premier ; il n'y a aucune corrélation entre une vie honnête et une vie heureuse.

L'honnêteté, ce qu'à proprement parler on appelle la moralité des actes, est essentiellement variable : ce qui la fonde en effet, c'est l'appréciation, le jugement que les hommes émettent sur les manières d'agir de leurs semblables. Or, chaque pays, chaque race, chaque époque connaissent des critères de moralité différents.

---

1. *Ibidem*, p. 113.

« Les vertus et la morale varient selon les âges, non pas arbitrairement ou au hasard, mais d'après des règles fixes. Selon que l'état des choses est différent, les besoins des hommes sont différents ; par suite telle qualité de l'esprit ou du cœur devient plus précieuse ; on l'érige alors en vertu ; et, en effet, elle est une vertu, puisqu'elle sert un intérêt public. Même elle deviendra une vertu de premier ordre si elle sert un intérêt public de premier ordre : la vertu étant le sacrifice de soi-même au bien général, ne peut manquer de se déplacer en même temps que ce bien pour le suivre ; elle s'attache à lui comme l'ombre au corps [1]. »

Donc, ce que nous jugeons honnête de nos jours, ne l'aurait pas été, il y a deux siècles, pour nos aïeux, et ne l'est peut-être pas aujourd'hui pour d'autres peuples. L'honnêteté des actes et le jugement qui la fonde sont un produit du milieu, un caprice de la race ou du moment.

« Si Molière, ses comédies à la main, frappait aujourd'hui à la porte du Théâtre-Français, la pruderie moderne le repousserait comme grossier et scandaleux ; de son temps, les

---

1. *Nouveaux Essais de Critique.* Renaud de Montauban, pp. 334-335.

dames les plus délicates couraient à ses piéces [1]. »

Dès lors, si vous souhaitez être un honnête homme, regardez autour de vous, ayez égard à la mentalité spéciale de ceux qui vous jugeront, soyez de votre race et de votre temps.

Pour les Français de la fin du XIX⁰ siècle, il était de bon ton de ne pas oublier la solidarité humaine. Cette exigence n'était pas injustifiée, car « on doit en effet quelque chose à sa nation, à son siècle, à son espèce, et cela par strict devoir de probité ; on en a reçu immensément ; il n'y a pas une idée juste, humaine ou vraie, qui n'ait coûté aux hommes qui nous les ont acquises, toute une rançon de labeurs et de misères. Tout ce que nous estimons dans nos pensées et dans nos sentiments vient d'autrui ; et il est de simple équité de rendre à ceux qui viendront ce que nous avons reçu de ceux qui sont morts. C'est pourquoi quiconque pense doit élaborer sa pensée de manière à la rendre utile et publique : celui qui connaît les mœurs, qui a pénétré la nature humaine, qui peut mettre en scène des vérités, construire un idéal,

---

1. Essais de Critique. Fléchier, p. 12. — La Fontaine et ses Fables, p. 53. — Hist. Litt. Angl., T. IV, p. 403. — T. V, pp. 142-143. — Voyage aux Pyrénées, pp. 313-315.

celui-là doit aux autres cet idéal et ces vérités ; mettre au monde quelques âmes nobles et fines, c'est enseigner la psychologie et prêcher la morale [1]. »

A cet esprit de solidarité, de charité intellectuelle, vous ajouterez le respect de la liberté humaine inviolable et vous vous remémorerez de temps en temps la générosité et la noblesse natives de vos semblables et de vous-même [2]. La qualité du mobile de vos actions importe peu ; en fait, « de dix mille actions, le pur sentiment du devoir n'en produit pas deux... L'intérêt, l'orgueil, la crainte, l'amour de soi, le tempérament, la coutume sont nos ressorts ordinaires, et l'on retrouve le plus souvent des passions ou de l'égoïsme dans ce que nous appelons nos vertus... Un honnête homme refuse de voler, mais par orgueil bien placé, et parce qu'il ne veut pas se mépriser lui-même; une mère se dévoue parce qu'elle souffre moins à l'idée de son mal qu'à l'idée du mal de son enfant. Nous avons de belles passions et de nobles mouvements d'amour-propre, mais la vertu véritable, telle que la définissaient les stoïciens, n'est

---

1. *Vie*, Tome II, p. 249.
2. *Ibidem*, Tome I, p. 101. — *Hist. Litt. Angl.*, T. III, p. 102. — Tome IV, p. 400.

guère que dans les livres et ne peut guère être que là [1] ».

N'amplifiez donc pas trop votre bagage de maximes morales, ne vous surchargez pas d'obligations et de devoirs ; une morale exigeante finit par rétrécir l'esprit [2]. D'ailleurs la morale ne met pas d'obstacle au libre jeu des instincts spontanés ; aussi bien l'expérience et l'histoire nous apprennent-elles que tous nos actes sont déterminés par la prédominance de leur force respective ; dès lors la morale scientifique et historique peut affirmer que la vertu est un fruit de l'instinct libre [3]. De cette façon, les préceptes de la morale ne risquent guère de pousser l'homme vers un état antinaturel, puisque le premier de tous ces préceptes le ramène à la connaissance des lois de la nature.

Cette même connaissance conditionne l'obtention du bonheur auquel l'homme peut prétendre. Et ici, il faut savoir regarder la vie bien en face, renoncer aux illusions et aux chimères: « le parfait répugne à la vie [4] ». Il faut donc

---

1. La Rochefoucauld. *Maximes morales.* REVUE DE L'INSTRUCTION PUBLIQUE, 19 avril 1855.
2. *Hist. Litt. Angl.*, T. IV, pp. 118-119 : *Les Philosophes classiques,* pp. 280-282.
3. *Derniers essais de critique.* Sainte-Odile et Iphigénie en Tauride, p. 88.
4. *Ibidem*, p. 89.

savoir limiter ses aspirations et refréner ses désirs. « Cette humanité dont nous sommes les fils et qui vit en chacun de nous est une Niobé dont les enfants tombent incessamment sous les flèches des archers invisibles ; les fils et les filles blessés s'abattent et palpitent ; les plus jeunes cachent leur tête dans la robe de leur mère ; l'une, encore vivante, lève des bras inutiles vers les meurtriers célestes. Elle, froide et raidie, se redresse sans espérance et, élevée un instant au-dessus des sentiments humains, elle aperçoit avec admiration et avec horreur le nimbe éblouissant et funéraire, les bras tendus, les flèches inévitables, l'implacable sérénité des dieux [1] ».

Nous ne sommes pas les artisans de notre destinée, mais le jouet de lois nécessaires et inéluctables qui nous poussent et nous maîtrisent. Sachons nous dire que nos aspirations sont vaines et nos inquiétudes superflues. « Pour être à peu près heureux, il faut subir le mal quand il vient, comme un orage, puis penser à autre chose [2]. »

La révolte nous rendrait plus malheureux encore ; le but vers lequel nous devons porter

1. *Carnets de Voyage*, p. 211.
2. *Derniers Essais de Critique. Gleyre*, p. 215

nos efforts c'est le calme ; c'est là l'idéal de la vie [1]. Or, on ne peut arriver au calme que par la résignation et par la science. La connaissance des lois éternelles, de la hiérarchie des nécessités qui nous écrasent et nous font souffrir, nous fera oublier nos misères et nos peines, parce que alors nous ne verrons plus que le sublime des choses : « la plainte transformée devient alors un hymne qui roule et résonne, emporté dans un concert de notes triomphantes [2]. » Nous ne connaîtrons plus l'indignation et la révolte lorsque nous aurons pénétré le secret de la nature, lorsque nous verrons la nécessité de tout ce qui arrive et de tout ce qui est. Habituons-nous donc à subir convenablement ce qui est nécessaire, puisque nous ne pouvons nous soustraire à la nécessité de souffrir.

« A la longue, les gros pieds des éléphants et les incommodités qui s'ensuivent paraîtront dans la règle. Le meilleur fruit de notre science est la résignation froide qui, pacifiant et préparant l'âme, réduit la souffrance à la douleur du corps [3]. »

1. *Hist. Litt. Angl.*, T. I, pp. 365. — T. IV, pp. 20-21, 419, 423. — *Vie*, T. I, pp. 52-53.
2. *Thomas Graindorge*, pp. 329-330.
3. *Ibidem*, p. 267.

Il n'est pas de plus bel idéal moral que celui des Stoïciens de la Grèce [1]. Marc-Aurèle l'a fait sien : « il est l'âme la plus noble qui ait vécu ». Il faut se pénétrer de ses *Pensées ;* « depuis seize siècles, nous n'avons rien découvert en morale qui atteigne à la hauteur et à la vérité de cette doctrine [2] ». « Marc-Aurèle, c'est notre Evangile, à nous autres qui avons traversé la philosophie et les sciences ; il dit aux gens de notre culture ce que Jésus dit au peuple... Jamais on n'a pensé et parlé avec tant de vérité et de grandeur sur la nature et sur la mort... Voilà bien le testament suprême de toute l'antiquité, d'un monde plus sain que le nôtre ; c'est à peine s'il faut y changer quelques formules pour y adapter les conclusions de nos sciences [3]. »

Ce stoïcisme pourra nous cuirasser d'orgueil contre l'atteinte des « rouages stupides » de la grande mécanique dans laquelle il faut vivre, il nous apprendra la résignation froide et pacifiante devant l'universelle nécessité des événements et des êtres, pour ne laisser au cœur que l'espoir d'un éternel sommeil au sortir de cette vie misérable et stérile [4].

1. *Phil. de l'Art*, Tome II, p. 288.
2. *Nouveaux Essais de Critique*. Marc-Aurèle, pp. 95, 107-108.
3. *Vie*, Tome IV, p. 274.
4. *Vie*, Tome I, pp. 256 — et 91.

C'est à suivre cette morale que l'homme trouvera le seul bonheur possible.

**

Qu'au nom de la morale, on prétende apprécier les actes de l'homme et sa conduite, rien de plus légitime ; on peut en effet apprécier les effets utiles et nuisibles d'une loi, encore qu'on ne puisse s'y soustraire. Mais qu'on prétende, au nom d'une morale condamner ou absoudre, reprocher ou louer les actes de l'homme, c'est aller trop loin. On cède parfois à de pareils emportements ; mais c'est qu'alors « on ne voit plus, dans les vices de l'homme, la nécessité intérieure qui les rend supportables [1] ».

D'une façon délibérée et réfléchie, nous ne pouvons haïr ou flétrir les criminels, car leurs méfaits sont toujours le résultat d'une tendance prédominante dont la force intrinsèque « annihile l'influence des tendances opposées. Nous réprimandons un coupable, parce que nous ignorons les motifs, les déterminants de son action, et nous le réprimandons d'autant plus que nous les connaissons moins. Mais, considérant

---

1. *Essais de Critique.* La Bruyère, pp 8-9

les crimes dans tous leurs éléments, dans toutes les phases de leur perpétration, nous ne pouvons pas plus les flétrir que nous ne flétrissons la monomanie incendiaire ou homicide [1].

Est-ce à dire cependant que le déterminisme exclue la responsabilité ? Nullement. Celui qui reproche au déterminisme « de transformer l'homme en machine, de l'assujettir à quelques rouages intérieurs, de l'asservir aux grandes pressions environnantes, de nier la personne indépendante et libre, de décourager nos efforts en nous apprenant que nous sommes contraints et conduits au dehors et au dedans par des forces que nous n'avons pas faites et que nous devons subir, celui-là oublie ce qu'est une âme individuelle... Il cesse de voir dans l'âme individuelle... les éléments qui la composent... les facultés et les penchants dont l'âme individuelle n'est que l'ensemble. Il ne remarque pas que les aptitudes et les penchants fondamentaux d'une âme lui appartiennent, que ceux qu'elle prend dans la situation générale ou dans le caractère national lui sont ou lui deviennent personnels au premier chef, que lorsqu'elle agit par eux, c'est d'après elle-même, par sa force

[1]. *Notes sur la Volonté. Revue Philosophique;* loc. cit., pp. 466 et sq.

propre, spontanément, avec une initiative complète, avec une responsabilité entière, et que l'artifice d'analyse par lequel on distingue ses principaux moteurs, ses engrenages successifs et les distributions de son mouvement primitif n'empêchent pas le tout qui est elle-même, de tirer de soi son élan et sa direction, c'est-à-dire son énergie et son effort [1]. »

C'est donc une erreur de croire que le déterminisme exclut la responsabilité ; bien au contraire, il la fonde et l'on peut même prétendre qu'il est identique à elle [2].

D'ailleurs, à renoncer au déterminisme, on aboutirait à des conséquences inadmissibles.

« Si l'on nie la détermination absolue des volitions humaines, il n'y a plus de science morale, plus de prévision ; si l'homme peut améliorer sa condition, son esprit et son âme, c'est seulement parce que les événements internes sont rigoureusement et mutuellement dépendants ; la connexion des faits qui nous donne notre empire sur le monde physique nous donne aussi notre empire sur le monde moral [3]. »

De même, il est « impossible, sans le déter-

---

1. *Essais de Critique*. Préface, pp. xxii-xxiii.
2. *Vie*, Tome IV, p. 202.
3. *Ibidem*, Tome II, p. 353.

minisme, de fonder le droit de punir, la justice du châtiment [1]. »

Le déterminisme est donc tout à la fois le principe de la morale et la condition indispensable de la responsabilité humaine.

**

Affirmer la possibilité de concilier et même d'identifier le déterminisme avec la responsabilité, c'était restituer à la morale son caractère de science normative, car faire de la morale historique c'est faire de l'histoire et non pas de la morale. Il n'eût pas été possible, sans doute, d'écrire un traité sur l' « Idéal dans la vie », tout en admettant la parfaite irresponsabilité humaine. Taine l'avait compris, et il n'a pas manqué de s'élever à plusieurs reprises contre ceux qui en voulaient faire la conclusion de ses doctrines. Mais ses prétentions étaient-elles justifiées, et pouvait-il prétendre allier, sans contradiction, à une morale historique basée sur le déterminisme, une morale normative se réclamant de la responsabilité ? Nous ne le pensons pas.

1. *Ibidem*, Tome IV, p. 202.

Le mot *responsabilité* peut être compris de deux façons : dans un sens large, il est synonyme d'imputabilité de l'acte à son auteur ; dans un sens plus étroit, il est synonyme d'imputabilité de l'acte à son auteur libre.

La responsabilité au sens large du mot se concilie dans une certaine mesure avec le déterminisme psychologique ; au sens étroit, la conciliation n'est évidemment pas possible. Or, c'est dans ce sens étroit que Taine entend la responsabilité. Il prétend, en effet, réfuter l'objection qu'on adresse à son système « de transformer l'homme en machine... de nier la personne *indépendante et libre...* », en disant que « les penchants fondamentaux d'une âme lui appartiennent, que ceux qu'elle prend dans la situation générale ou dans le caractère national lui sont ou lui deviennent personnels au premier chef... ».

Je n'entends pas, cependant, cette réfutation: telle action que je pose, je ne puis pas ne pas la poser, puisque je ne suis pas libre: j'en suis cependant responsable, parce que le penchant dont elle est le résultat m'appartient ou qu'en le prenant dans la situation générale ou dans le caractère national, il m'est devenu personnel au premier chef. Certains penchants m'appartiennent, dit-on ; soit, mais j'ai dû les recevoir, puisqu'il m'est impossible d'en créer librement en moi. D'autres penchants, je les ai pris dans le milieu, mais c'est une métaphore que ce mot *prendre* pour signifier l'action subie par moi de la part de ce facteur.

Mais alors, comment ma responsabilité peut-elle être engagée ? Suis-je responsable de mes actes par le seul fait qu'ils s'accomplissent par mes organes ou qu'ils résultent de tendances qui sont en moi, bien que je n'en sois pas l'auteur ?

Mais alors l'animal est responsable au même titre que l'homme. Chez l'animal comme chez l'homme, naissent des désirs, des tendances, auxquels tous deux obéissent nécessairement en accomplissant les actes que déterminent ces appétitions selon leur véhémence respective. — Les désirs se fixent, en effet, en nous d'après leur force propre : leur fixation constitue la série de nos volitions. Quand on admet le déterminisme psychologique, la morale ne peut plus être qu'un système de dressage. A cela pourtant Taine ne se pouvait résoudre, et sans égard aux contradictions dans lesquelles il versait, il a voulu maintenir dans sa morale la

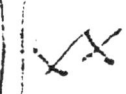

notion de la responsabilité qui suppose un agent libre [1].

Taine a voulu se défendre d'être fataliste ; en réalité, il s'est défendu d'être déterministe. La distinction qu'il pose, en effet, entre le fatalisme et le déterminisme ne tient pas. D'après lui, le fatalisme c'est la doctrine qui attribue la maîtrise de nous-mêmes à une force étrangère et extérieure qui contraint nos résolutions naturelles et nos tendances dominantes ; pour le déterminisme au contraire, ce sont des forces intérieures et personnelles qui provoquent nos résolutions et nos actes [2]. — Mais tout d'abord cette force étrangère et extérieure que le fatalisme considérerait comme omnipotente, n'est pas la contrainte physique extérieure, car toute force pour être efficace dans le domaine psychologique, doit devenir intérieure et morale. En second lieu, la contrainte que nous infligent les lois inéluctables qui nous régissent, et dont les tendances prédominantes et les résolutions auxquelles celles-ci aboutissent ne sont que les intermédiaires indispensables, cette contrainte est véritablement extérieure et étrangère. Or, cette contrainte, c'est précisément celle dont

---

1. Barzellotti, op. cit., p. 296.
2. *Notes sur la Volonté*, loc. cit., pp. 461-465.

Taine reconnaît l'empire sur notre vie morale ; dès lors, *au sens où il définit le fatalisme*, il est fataliste, et il était parfaitement logique lorsqu'il affirmait que nous sommes le jouet de « puissances fatales » et de « forces indestructibles [1] ».

Taine a manqué de logique en voulant concilier et identifier le déterminisme psychologique et la responsabilité.

En réalité, il semble que Taine ait cédé à la crainte des conséquences lointaines qu'aurait pu entraîner sa doctrine. La lettre qu'il écrivit à M. Paul Bourget à propos du *Disciple* est significative à cet égard.

« Pour l'effet d'ensemble, il m'a été très pénible, je dirai presque douloureux. Deux impressions surnagent, et, à mon sens, toutes deux sont regrettables.

« La première, surtout pour les gens qui n'ont pas des convictions fortes et bien raisonnées en fait de morale, c'est que Greslou mérite de l'indulgence, il n'est qu'à demi coupable. Beaucoup de jeunes gens non encore enracinés dans la vie et tous les hommes plus ou moins déracinés le trouvent intéressant, presque sym-

---

1. *Nouveaux Essais de Critique*, pp. 261-262. — *Hist. Litt. Angl.*, Tome I, p. 402.

pathique ; ils se laissent aller à épouser ses sentiments. Il a eu de belles ambitions, il a travaillé beaucoup... De plus, il innocente toute sa conduite par une théorie philosophique très séduisante, qu'il présente comme le résumé des sciences positives, comme la vue la plus haute et la plus complète qu'on puisse avoir sur l'Univers, comme la doctrine fondamentale du Spinoza moderne, du philosophe le plus désintéressé, le plus indépendant, le plus digne de confiance et de respect. « Pour le philosophe, dit M. Sixte, il n'y a ni crime ni vertu... La théorie du bien et du mal n'a d'autre sens que de marquer un *ensemble de conventions quelquefois utiles, quelquefois puériles.* » Là-dessus, et avec l'autobiographie de Greslou à l'appui, nombre de lecteurs et de lectrices garderont vaguement dans l'arrière-fond de leur esprit la formule de Sixte ; ils l'admettront, ou du moins ils la toléreront comme conclusion du livre, et cette conclusion est *contre la morale* [1]. »

Cette conclusion est contre la morale, sans doute, mais elle n'est pas contre le déterminisme. Quand on a affirmé que la vue de leur *nécessité* intérieure rend les vices de l'homme

---

1. *Vie,* Tome IV, pp. 288-289.

supportables, que la connaissance de tous les éléments psychologiques qui ont déterminé un coupable à perpétrer son crime doit nous empêcher de le flétrir, on n'est plus recevable à vouloir maintenir la distinction entre le bien et le mal, autrement que dans le sens d'un ensemble de conventions utiles ou puériles.

En réalité, Taine a reculé devant l'application pratique de ses principes, et il a préféré la contradiction et le démenti, aux conséquences immorales que sa probité condamnait. M. Paul Bourget a appelé cela « l'aventure intellectuelle de M. Taine ».

« Nul n'avait plus nettement, plus constamment professé la doctrine que tout dans l'âme est nécessité, « que les faits soient physiques ou
» moraux, avait-il écrit dans son Introduction
» à la *Littérature anglaise*, il n'importe ; ils ont
» toujours des causes. Il y en a pour l'ambi-
» tion, pour le courage, pour la crainte, com-
» me pour la digestion, pour le mouvement
» musculaire... » Et ailleurs, après avoir comparé notre imperfection innée à l'irrégularité foncière des facettes dans un cristal : « Qui est-
» ce qui s'indignera, concluait-il, contre une
» géométrie vivante ? » Est-ce bien le même homme qui a trouvé des accents si émus pour

saluer le stoïcisme du savant pauvre dans un Frantz Woepke, l'héroïsme politique du bon citoyen dans un Mallet du Pan, l'inlassable dévouement aux pauvres et aux malades chez les congréganistes catholiques, « ces corvéables volontaires » comme il les appelle ? C'est qu'il a rencontré, lui aussi, cette énigme de la vertu et son grand cœur s'en est ému, malgré son esprit, de même qu'en dépit de son déterminisme, ce cœur a frémi devant les crimes de la Terreur, d'une indignation dont l'écho a si profondément retenti en nous tous. Le bien et le mal ont imposé leur évidence à ce philosophe sincère, comme jadis à cet Emmanuel Kant dont le nihilisme radical s'est transformé en un dogmatisme absolu, rien qu'à constater le mystère de cette réalité indiscutable : la conscience se soumettant à la loi, c'est-à-dire la vertu [1]. »

Il n'est pas de meilleur argument contre certaines doctrines que ce divorce entre une très vaste intelligence et un très grand cœur.

---

1. Paul Bourget, *Discours sur la Vertu*, prononcé à l'Académie Française le 29 novembre 1906.

CHAPITRE IX

LA LOGIQUE.

La psychologie s'attache à déterminer la nature de l'intelligence humaine et de ses opérations. Pour Taine, encore que l'intelligence ne soit pas une faculté inhérente à un principe substantiel et immatériel, mais seulement l'ensemble « de nos opérations cognitives », nous n'en sommes pas moins capables d'acquérir des connaissances d'une valeur objective et universelle, et d'entrer en possession de la vérité absolue. Pour atteindre à ce but suprême, une discipline s'impose ; il y a un processus à respecter, un ensemble d'actes à accomplir. Taine s'est efforcé de les déterminer; l'ensemble des notions qu'il en donne constitue un chapitre de sa philosophie qu'on pourrait appeler : « de l'idéal dans l'esprit ». Il s'agit donc ici d'une science normative.

Le premier de ces actes formellement « logiques » est l'*abstraction :* c'en est aussi le plus fécond. Grâce à l'abstraction, nous arrivons à formuler des jugements universels, à tirer de la notion d'objets limités et contingents des rapports nécessaires, à nous faire une idée de l'infini [1]. L'abstraction est donc la clef de la philosophie. Elle nécessite l'exercice d'une « faculté autre que l'expérience et la raison, propre à découvrir les causes,... une opération moyenne, située entre l'illumination et l'observation, capable d'atteindre des principes, comme on l'assure de la première, capable d'atteindre des vérités, comme on l'éprouve de la seconde [2] ».

L'homme est enfermé en lui-même, « il n'aperçoit que ses états intérieurs, tout passagers et isolés ; il s'en sert pour désigner des états extérieurs ». Tout ce qu'il peut faire dès lors, c'est examiner ces états intérieurs qui se déroulent en lui, les lier et les additionner.

Mais ce n'est là que la première étape de la connaissance ; cette étape franchie, « une nouvelle opération commence, la plus féconde de

---

1. *Les Philosophes classiques*, pp. 157 à 160, 169-170.
2. *Hist. Litt. Angl.*, Tome V, pp. 395-396.

toutes, et qui consiste à décomposer ces données complexes en données simples ». Une faculté magnifique entre en jeu, « source du langage, interprète de la nature, mère des religions et des philosophies, seule distinction véritable qui, selon son degré, sépare l'homme de la brute, et les grands hommes des petits : je veux dire l'abstraction, qui est le pouvoir d'isoler les éléments des faits et de les considérer à part [1]. »

En présence d'un fait ou d'une série de faits, je me livre à un travail d'analyse, je tâche à décomposer ces faits ; lorsque je dis qu'il n'y a au monde que des faits et des lois, je veux dire qu'il n'y a au monde que des faits et leurs composants : les composants d'un fait sont ce que nous appelons sa nature, son essence, ses propriétés primitives. Lorsque je parle de lois, de forces, de causes, je ne désigne rien d'autre que ces faits, composants d'autres faits [2]. Lorsque je dis que par abstraction j'arrive à connaître l'essence d'un être, je veux dire que par analyse j'arrive à extraire d'un fait un autre fait, composant ou portion du premier. — *L'abstrait* est

1. *Hist. Litt. Angl.*, Tome V, p. 397.
2. *Les Philosophes classiques*, p. 253. — *Hist. Litt. Angl.*, T. V, pp. 398 et 406.

donc un *extrait* ; « un nom commun est abstrait parce qu'il désigne un *extrait*, c'est-à-dire une portion d'individu, laquelle se retrouve dans tous les individus du groupe [1]. »

« Dans cette opération, au lieu d'aller d'un fait à un autre fait, on va du même au même ; au lieu d'ajouter une expérience à une autre expérience, on met à part quelque portion de la première ; au lieu d'avancer, on s'arrête pour creuser en place [2]. »

Par ce procédé, nous arrivons à former des idées générales, c'est-à-dire applicables à tous les individus d'une classe, et susceptibles d'être ressuscitées par tout individu de la classe :

« A ces extraits ou reliquats, présents en plusieurs points du temps et de l'espace, correspondent en nous des pensées d'une espèce distincte et que nous appelons idées générales et abstraites [3]. » Et selon que ces idées correspondent ou non à des objets réels, existant dans la nature, on dira qu'elles sont des « copies » ou des « modèles ». — Les idées générales qui sont des modèles « sont celles qui composent l'arithmétique, la géométrie, la mécanique et,

---

1. *De l'Intelligence*, Tome I, p. 35.
2. *Hist. Litt. Angl.*, Tome V, p. 399.
3. *De l'Intelligence*, Tome II, p. 258.

en général, toutes les sciences qui, comme les mathématiques, traitent du possible et non du réel. Nous formons ces idées, sans examiner s'il y a dans la nature des objets qui leur correspondent, et pour cela nous les construisons [1]. »

On voit donc l'importance de l'opération abstractive ; Taine y attachait une importance particulière, car c'est par son intervention qu'il prétendait résoudre l'apparente antinomie qui règne dans sa philosophie. Nous l'avons fait remarquer plus haut : son système est un panthéisme positiviste ; c'est par le positivisme qu'il est arrivé à la métaphysique. Le passage de l'un à l'autre peut s'opérer par la vertu de l'abstraction. Des faits qui remplissent notre expérience, nous pouvons abstraire ou extraire par la pensée les éléments simples qui révèlent l'action des lois ; la connaissance des lois particulières entraînera par le raisonnement la connaissance des lois plus générales, et peut-être un jour celle de la loi suprême, source de tout ce qui est. — M. Lucien Lévy-Bruhl fait très justement remarquer que, par sa théorie de l'abstraction, Taine a pu concilier ces deux conceptions de l'univers, en apparence si contradic-

---

[1]. *Ibidem*, p. 275

toires, la conception empirique, et la conception métaphysique, pour lesquelles il manifestait une égale inclination. Par cette théorie, il réconcilia dans son propre esprit Spinoza et Hume, Hegel et Condillac [1].

Après avoir abstrait, il faut définir. Définir, c'est rechercher dans les objets ou dans les faits, les éléments générateurs de ces objets ou faits. « La définition est la proposition qui marque dans un objet, la qualité d'où dérivent les autres et qui ne dérive point d'une autre qualité [2]. »

L'abstraction et la définition sont les antécédents du syllogisme :

« Le syllogisme ne va pas du particulier au particulier... ni du général au particulier, comme disent les logiciens ordinaires, mais de l'abstrait au concret, c'est-à-dire de la cause à l'effet [3]. »

Le syllogisme est un ensemble de propositions, c'est-à-dire de « couples » ; il tend à faire voir, à démontrer, le lien qui rattache les deux termes d'une proposition. Pour y arriver, il

---

[1]. Lucien Lévy-Bruhl, *History of Modern Philosophy in France* p. 425.
[2]. *Hist. Litt. Angl.*, Tome V, p. 401.
[3]. *Ibidem*, p. 405.

fait appel à un « intermédiaire explicatif », qui est toujours « un caractère ou une somme de caractères *inclus* dans la première donnée du couple, plus *généraux* qu'elle si on les considère à part, accessibles à nos prises, puisqu'ils sont compris en elles, et séparables d'elle par nos procédés ordinaires d'isolement et d'extraction ». Le syllogisme est donc la réunion de trois propositions.

« De ces trois propositions, les deux premières, étant préalables, se nomment *prémisses*, et la troisième, étant consécutive, se nomme *conclusion*. Les deux prémisses se composent, l'une de la première idée, la plus compréhensive de toutes, associée à la seconde, dont la compréhension est moyenne ; l'autre, de la seconde idée, dont la compréhension est moyenne, associée à la troisième, la moins compréhensive de toutes ; et enfin la conclusion se compose de la première idée associée à la troisième, c'est-à-dire de l'idée la plus compréhensive associée à l'idée la moins compréhensive [1]. »

Nous avons vu plus haut la valeur que Taine attache à l'*axiome* ; il exprime des vérités qui ne souffrent ni limites, ni conditions ni restric-

[1] *De l'Intelligence*, Tome II, pp. 405 et 407.

tions. C'est que l'axiome est « une proposition identique, ce qui veut dire que son sujet contient son attribut : il ne joint pas deux termes séparés, irréductibles l'un à l'autre : il unit deux termes dont le second est une portion du premier. Il est une simple analyse... Les axiomes vont, non d'un objet à un objet différent, mais du même au même [1]. » En somme, pour Taine, l'axiome est le jugement analytique au sens kantien.

« Les axiomes sont des théorèmes... qu'on se dispense de prouver, soit parce que la preuve en est très facile, soit parce que la preuve en est très difficile. En d'autres termes, ce sont des propositions *analytiques*, où le sujet contient l'attribut soit d'une façon très visible, ce qui rend l'analyse inutile, soit d'une façon très marquée, ce qui rend l'analyse presque impraticable [2]. »

Par l'*induction*, j'isole des portions des phénomènes qui me sont connus par l'expérience ; j'abstrais des faits complexes que j'y rencontre, des faits plus simples que je suppose être la cause des phénomènes que j'expérimente ; l'in-

---

1. *Hist. Litt. Angl.*, Tome V, p. 405.
2. *De l'Intelligence*, Tome II, p. 336.

duction est donc « le triomphe de l'abstraction [1] ».

La connaissance de nos différentes opérations « logiques », nous permet de considérer notre activité intellectuelle par une vue d'ensemble.

« Nous voyons maintenant les deux grands moments de la science, et les deux grandes apparences de la nature. Il y a deux opérations, l'expérience et l'abstraction ; il y a deux royaumes, celui des faits complexes et celui des faits simples. Le premier est l'effet, le second la cause. Le premier est contenu dans le second et s'en déduit, comme une conséquence de son principe. Tous deux s'équivalent, ils sont une seule chose considérée sous deux aspects [2]. »

Par l'abstraction, je décompose les faits complexes en leurs composants simples ; par la définition, je désigne les faits causes ou générateurs du fait total; dans le syllogisme, je vais de la cause à l'effet, c'est-à-dire de l'abstrait au concret ; dans l'axiome, j'affirme du fait total une portion de ce fait ; par l'induction, je pénètre dans le royaume des faits simples. C'est là tout le jeu logique grâce auquel les hommes élaborent les littératures, construisent les scien-

---
1. *Hist. Litt. Angl.*, Tome V, p. 407-408.
2. *Ibidem*, p. 408.

ces, enfantent les religions et les philosophies [1].

Reste la question de la méthode à mettre en œuvre, c'est-à-dire de l'ordre à établir dans cette série d'opérations par lesquelles nous arrivons à pénétrer le secret des choses, à comprendre le sens de l'univers.

La méthode impose une double discipline ; la première est analytique, la seconde est abstractive. L'analyse doit porter d'abord sur les mots. Or, « analyser... c'est traduire. Traduire, c'est apercevoir sous les signes des faits distincts [2]. »

L'idée générale, en effet, n'est qu'un mot par lequel nous désignons une qualité commune à plusieurs choses. Le premier pas que nous ayons à faire consiste donc à nous rendre un compte exact de la chose désignée par le mot. C'est là le point capital : car, avant la traduction, nous raisonnons à l'aveugle ; après la traduction, nous avançons « avec une certitude presque mathématique, d'équation en équation [3]. »

Après avoir analysé les mots, il faut analyser les choses ; pour analyser le mot, je l'ai traduit,

1. *Les Philosophes classiques*, pp. 174 176.
2. *Les Philosophes classiques*, p. 323.
3. *Ibidem*, p. 331.

et pour le traduire, « j'ai recréé mon idée en reproduisant la circonstance particulière qui l'a fait naître ». Pour analyser les faits, « je les multiplie, et je considère les mille petits faits simples qui composent le fait total que j'étudie, j'ajoute à la connaissance de chaque fait noté la connaissance des inconnues qui l'entourent [1]. »

Mais ce ne sont là que les commencements de la science. Après avoir analysé, il faut abstraire, c'est-à-dire rechercher dans la multitude des faits leurs causes ordonnatrices. J'appelle cause, « un fait d'où l'on puisse déduire la nature, les rapports et les changements des autres [2]. » Pour les trouver, j'émets une hypothèse : l'ayant émise je la vérifie. Or, cette vérification peut se faire de diverses façons : on peut recourir à quatre méthodes. C'est d'abord la *méthode des concordances* : « nous rassemblons beaucoup de cas qui présentent le caractère connu, et nous les choisissons aussi différents que possible. Plus ces différences seront grandes, plus l'élimination sera vaste. Plus l'élimination sera vaste, plus le reliquat commun sera petit. Or, c'est lui qui contient nos inconnues ;... et s'il consiste en

[1] *Ibidem*, pp. 332-343.
[2] *Ibidem*, p. 351.

un accompagnement ou en un antécédent unique, c'est forcément cet antécédent ou cet accompagnement qui est notre inconnue ».

Vient ensuite la *méthode des différences :* « soit un caractère connu, et prenons deux cas, le premier où il soit donné, le second où il ne soit pas donné... Puisque le caractère connu est présent dans l'un et absent dans l'autre, sa condition inconnue est présente dans le premier et absente dans le second ; partant elle ne peut être une des particularités par lesquelles les deux cas se ressemblent... »

Ces deux méthodes en suggèrent une troisième : *la méthode des variations concomitantes :* Nous pouvons démêler la condition inconnue, « en constatant dans un des accompagnements ou des antécédents du caractère connu, des variations exactement correspondantes aux variations du caractère connu ».

Enfin la *méthode de déduction* s'impose dans les cas qui, par nature, se refusent à toute élimination et à toute décomposition : on considère des cas semblables, on les rattache à leur cause, et puis l'on redescend de la cause à son effet total et l'on vérifie si cet effet total « est exactement semblable à l'effet total prédit [1]. »

1 *De l'Intelligence,* Tome II, pp. 312 à 321.

L'emploi de ces diverses méthodes nous permettra de toucher du doigt les causes prochaines des phénomènes que l'expérience nous fait connaître. Nous pourrons alors remonter de ces causes prochaines aux causes plus éloignées, et d'anneau en anneau, nous en suivrons la chaîne jusqu'à la cause des causes, jusqu'au suprême sommet des choses, où se prononce « l'axiome éternel », la formule créatrice et divine dont le retentissement prolongé, compose par ses ondulations inépuisables l'immensité de l'univers.

*
* *

La logique de Taine n'a rien de très original. Elle est, pour une bonne part, un décalque de la logique de Stuart Mill. Taine n'a fait qu'adapter celle-ci à ses doctrines psychologiques.

Très manifestement l'auteur de l'*Intelligence* est soucieux de voir que sa psychologie simpliste ne diminue en rien la valeur de nos opérations intellectuelles. Qu'il y ait réussi, rien n'apparaît moins clairement, et nous avons fait remarquer plus haut la foncière disproportion qui se manifeste, dans le système de Taine, entre les facultés cognitives et leurs opérations, entre les théories sur la connaissance et les théories sur la certitude. Nous n'avons plus à y revenir.

Si nous avons insisté assez longuement sur la Logique, c'est qu'il importait de faire voir comment Taine a cherché à mettre de l'unité dans son système. Tout en restant dans les limites étroites de la méthode positiviste, il a prétendu pénétrer jusque dans la métaphysique. L'isolement des données simples de l'expérience devait, selon lui, nous faire atteindre le principe même de l'univers.

La réconciliation rêvée est-elle possible ? Nous ne le pensons pas. Taine raisonnait les données de l'expérience, c'est-à-dire qu'il leur appliquait quantité de principes dont le renouvellement du point de vue auquel il se plaçait, lui imposait tout au moins le contrôle. Or la confiance spontanée qu'il professait à leur égard n'aurait pu être justifiée par les simples données de l'expérience, et elle aurait dû s'effondrer devant la méfiance inévitable que doivent inspirer les conclusions logiquement subjectivistes de sa psychologie. Il avait donc, avant d'aller plus avant, à déblayer le terrain.

Mais il semble que Taine n'ait jamais eu cet esprit de critique à l'égard de sa philosophie. Il inclinait par nature à une certitude paisible et confiante dans les vastes généralisations qu'il édifiait sur des fragments d'expérience. Il n'est pas de question qu'il ait envisagée, sans qu'il y trouvât l'occasion d'une vue d'ensemble sur l'unité de l'univers. Sa tournure d'esprit « classique et française » l'y poussait, et nous retrouvons dans sa Logique, cette préoccupation de rechercher dans toutes les sciences, une « avenue » vers la métaphysique.

CHAPITRE X

LA POLITIQUE.

Taine avait un idéal en politique. Il apparaît clairement à celui qui parcourt les *Origines de la France contemporaine*. Ce grand travail historique n'a d'ailleurs été entrepris, de l'aveu même de Taine, que dans le but de découvrir cet idéal. Car il ne s'agit pas de créer en pareille matière, mais de rechercher dans le passé et par l'histoire, l'espèce et la nature des institutions qui se peuvent accommoder avec les caractères de la race et les données du milieu : « nous ne pouvons... chercher notre gouvernement ailleurs que dans notre nature et dans notre passé [1]. »

---

1. *Essais de Critique.* M. Troplong et M. de Montalembert, p. 326.

Taine a donc forgé son idéal en politique d'après des données historiques. Sa philosophie sociale proprement dite, c'est-à-dire l'étude des lois qui régissent la naissance et la décadence des institutions sociales, laissait déjà entrevoir, sous une sympathie et une antipathie souvent trop accentuées, l'orientation de sa Politique. Sans doute, les règles qu'il formule ne sont pas impératives ; il ne sied pas à un déterministe d'oublier les contraintes qu'imposent les lois de la nature. Mais laisser entrevoir une espérance indéfectible dans l'application de certains remèdes et prédire la décadence comme le résultat inévitable du maintien de certains principes, c'est faire entendre ce que l'on conçoit comme « l'idéal dans la société ». — Telle est l'attitude de Taine dans les *Origines ;* et il est probable que s'il lui avait été donné d'achever son œuvre, nous aurions trouvé au terme de l'examen historique, les conseils inspirés par la sagesse politique.

« Il lui restait à tracer le tableau de la famille et de la société françaises, dont il avait recueilli les éléments dès 1866, et à exposer le développement des sciences et de l'esprit scientifique au XIX° siècle. Ce dernier livre eût été comme sa confession de foi philosophique et la conclusion naturelle de l'ouvrage, car il y aurait indiqué les voies où la France devra un jour trouver la guérison de ses maux et la réparation de ses erreurs [1]. »

⁂

Taine a fait une véritable apologie de la religion au point de vue social. Lorsqu'une religion a, pendant plusieurs siècles, saturé la sensibilité poétique et mystique d'une race, elle est devenue un préjugé héréditaire, c'est-à-dire une forme de la raison. Or, non seulement, « de tous les grands poèmes où la raison humaine s'est cachée sous l'imagination humaine, la religion est le plus auguste [2], » mais il est aussi le plus bienfaisant. — Tel est le cas du christianisme qui, « après dix-neuf siècles est encore, pour quatre cent millions de créatures humaines, l'organe spirituel, la grande paire d'ailes indispensables pour soulever l'homme au-dessus de lui-même [3]. » Et c'est un besoin, pour beaucoup de créatures humaines, de s'élever au-dessus d'elles-mêmes, au-dessus des misères d'une vie trop amère ou trop prosaïque,

---

1. Gabriel Monod, *Renan, Taine, Michelet*, p. 129.
2. *Essais de Critique*. Madame d'Aulnoy, pp. 360-361.
3. *Les Origines*. Régime Moderne, T. III, p. 146. — *Nouveaux Essais de Critique*. Léonard de Vinci, p. 354.

trop dangereuse ou trop injuste. Si donc la religion les transporte à ces hauteurs où de belles chimères leur donnent des « raisons de croire et des motifs d'espérer », c'est là un bienfait inappréciable.

A cette heureuse influence sur les âmes, la religion ajoute une influence sur l'état social lui-même. Dans les sociétés où la religion n'exerce pas son action civilisatrice et bienfaisante, « les mœurs privées et publiques se dégradent. En Italie pendant la Renaissance, en Angleterre sous la Restauration, en France sous la Convention et le Directoire, on a vu l'homme se faire païen... ; la cruauté et la sensualité s'étalaient, la société devenait un coupe-gorge et un mauvais lieu.

« Quand on s'est donné ce spectacle et de près, on peut évaluer l'apport du christianisme dans nos sociétés modernes, ce qu'il y introduit de pudeur, de douceur et d'humanité, ce qu'il y maintient d'honnêteté, de bonne foi et de justice. Ni la raison philosophique, ni la culture artistique et littéraire, ni même l'honneur féodal, militaire et chevaleresque, aucun code, aucune administration, aucun gouvernement ne suffit à le suppléer dans ce service. Il n'y a que lui pour nous retenir sur notre pente natale.

pour enrayer le glissement insensible par lequel, incessamment et de tout son poids originel, notre race rétrograde vers ses bas-fonds : et le vieil Evangile, quelle que soit son enveloppe présente est encore aujourd'hui le meilleur auxiliaire de l'instinct social [1]. »

La religion entretient dans le monde une « chaleur » qui lui est nécessaire. Les hommes n'ont rien trouvé qui pût la remplacer. Elle a donc au point de vue social des titres incontestables. En elle-même, elle est un produit de l'imagination humaine ; aussi varie-t-elle selon le degré et l'espèce d'imagination des différentes races. Toutes les religions sont des chimères, mais toutes sont bienfaisantes, parce que une religion engendre une morale, et qu'une morale change une barbarie en civilisation [2].

L'organisation démocratique de la société, non seulement aboutit à de graves inconvénients, — la philosophie sociale de Taine les a dénoncés avec assez de fougue, — mais elle constitue, comme le suffrage universel qui en est le co-

---

1. *Les Origines*. Régime Moderne, T. III, p 147.
2. *Hist. Litt. Angl.*, T. IV, p. 171.

rollaire, une « injustice profonde ». On s'en rend compte lorsqu'on examine les conditions du gouvernement de la société. On peut comparer, à cette fin, la société à un navire « qui voyage indéfiniment de port en port et dans différentes mers, et dont tous les habitants, passagers et matelots, sont les armateurs ; ils y sont intéressés à deux points de vue : 1° Inégalement comme armateurs, contribuant plus ou moins à l'équipement et à la cargaison, les uns pour un million, les autres pour cent mille francs, mille francs, vingt francs, un franc, d'autres enfin pour rien, n'ayant fourni aucun capital. 2° Inégalement comme entreteneurs, c'est-à-dire comme contribuant à payer les réparations, l'assurance, le charbon, l'équipage, chacun, si la loi est juste, proportionnellement à son capital d'armateur, mais ici tous payant, même ceux qui n'ont aucun capital de ce genre, par des taxes de consommation, un impôt sur le revenu ou salaire, des corvées aux pompes ou ailleurs. 3° Egalement, comme ayant leur vie et honneur également en danger en cas de naufrage ou de prise, et par conséquent ayant tous un droit égal d'être consultés dans ces grands cas parce qu'ils ont une chance égale d'encourir certains risques ». Dès lors, il y a deux systèmes de commandement qui sont légitimes et satisfaisants : celui où le commandement appartient à un état-major héréditaire, en vertu d'un droit historique et ancien ; celui où le commandement appartient à l'armateur, possesseur ou bailleur de fonds, et au conseil d'armateurs, officiers ou simples passagers qui « par leur part de prise, ou leur habileté commerciale, ont acquis la majeure partie de la valeur, soit de la cargaison, soit du navire qu'ils ont réparé, radoubé, rebâti... »

Enfin, il y a un « dernier système, le plus injuste et le plus malfaisant de tous — celui où le matelot, le passager sans le sou, les vendeurs d'allumettes et de cirage, le peuple et la populace, bref le nombre domine. Alors le point de vue auquel tout est conduit est socialiste, et habituellement... le procédé par lequel tout est conduit est la huée, le tapage, la révolte perpétuelle, avec fausses manœuvres, voies d'eau, faux atterrissements, mauvais résultats financiers, accidents graves au navire...

« En résumé, le Gouvernement le plus juste et le plus capable de bien gérer la chose publique, doit cumuler ces trois systèmes et faire usage de ces trois forces :

- 1° De la royauté héréditaire et de l'aristocratie héréditaire qui fournira le capitaine et le meilleur état-major, si elle reçoit l'éducation appropriée, car elle a l'intérêt et l'éducation supérieure. 2° De l'influence de la classe riche ou aisée, car elle est la plus intéressée dans toutes les questions de bon emploi du capital et à la réussite de la spéculation. 3° De l'influence du nombre, car il est un élément de force, et une recrue, par sélection, des membres des deux autres classes ou forces [1]. »

Organisée sur la base de ces trois systèmes combinés, la société a toutes chances de marcher vers une destinée heureuse et prospère. Ce qui domine une telle organisation sociale, c'est l'hérédité, la tradition, par conséquent l'adaptation la meilleure du principe du gouvernement aux forces naturelles et aux penchants innés; elle ne tend pas à contrecarrer ces forces naturelles, mais à les réglementer, à les ordonner harmonieusement dans les limites de leur compatibilité avec les besoins d'une société. De cette façon, les prérogatives et les droits de l'Etat seront restreints aux limites de sa mission. Son intervention ne sera donc pas

---

1. *Vie*, Tome III. Appendice. Notes préparatoires pour les *Origines*, pp. 348 à 351. — *Nouveaux Essais de Critique*. M. de Sacy, p. 194.

absorbante, et elle permettra l'application d'un régime de décentralisation où l'initiative privée pourra s'épanouir pleinement.

Cette mission de l'Etat doit être déterminée par son but même :

« A mon gré, ce but est de se protéger contre les bandits du dehors et du dedans. L'instruction, les cultes, la charité, l'opéra sont en dehors. Cette protection implique l'armée, la gendarmerie, la police, les tribunaux, l'impôt, rien de plus et tout au plus en outre, des encouragements aux autres sociétés qui, indirectement, aident à atteindre le but indiqué [1]. »

Cette définition du but de l'Etat se justifie surtout historiquement.

« Après le tumulte des invasions et de la conquête, au plus fort de la décomposition sociale, parmi les combats quotidiens que se livraient les forces privées, il s'est élevé dans chaque société européenne une force publique et cette force publique qui s'est maintenue pendant des siècles, subsiste encore aujourd'hui. »

C'est l'Etat, une grande épée publique, « que deux intérêts ont forgée ; il en fallait une de cette taille, d'abord contre les glaives pa-

---

1. *Vie*, T. III. — *Ibidem*, p. 331.

reils que les autres sociétés brandissent à la frontière, ensuite contre les couteaux que les mauvaises passions ne cessent jamais d'affiler à l'intérieur [1]. »

Rien de mieux si cette épée ne s'emploie à rien d'autre qu'à défendre. Mais c'est là tout ce que l'Etat peut et doit faire : assurer la protection au dehors et au dedans.

Quant à la forme de son gouvernement, elle importe peu.

« Oligarchique, monarchique, ou aristocratique, la constitution n'est qu'une machine, bonne si elle atteint son but — l'intérêt public, — mauvaise si elle ne l'atteint pas, et qui, pour l'atteindre, doit, comme toute machine, varier selon le terrain, les matériaux et les circonstances. La plus savante est illégitime, là où elle dissout l'Etat ; la plus grossière est légitime là où elle maintient l'Etat [2]. » « Le vrai gouvernement est celui qui est approprié à la civilisation d'un peuple [3]. »

Le principe de la réduction des prérogatives de l'Etat aux limites des nécessités de sa mission domine toute cette matière. Sa mission,

---

1. *Les Origines*. La Révolution, T. III, pp. 132-133.
2. *Ibidem*, T. I, p. 188.
3. *Vie*, T. I, p. 86.

c'est une mission d'ordre et de protection. Elle ne peut aller au delà. « Prenons garde aux accroissements de l'Etat, et ne souffrons pas qu'il soit autre chose qu'un chien de garde [1]. » Car s'il va au delà de ce que réclame l'intérêt public, c'est-à-dire l'intérêt de tous, s'il est trop absorbant, il désorganise le corps social, il annihile les initiatives privées. Or, il n'y a que l'initiative privée pour remplir certains services, pour sauvegarder certains intérêts. Il faut laisser aux associations spontanées, la famille, la corporation, l'association religieuse, pleine liberté, entière faculté de se développer selon les besoins individuels et les intérêts locaux [2]. Or ici, l'initiative privée seule est efficace et heureuse ; l'initiative officielle l'exproprierait en vain. Dans tous les domaines il faut laisser couler les sources individuelles à leur endroit naturel. C'est là seulement qu'elles peuvent donner leur maximum de rendement ; car, « vainement on tenterait de transporter la source ailleurs ; on ne parviendra qu'à lui boucher son issue naturelle, à lui barrer ses canaux bienfaisants... Tout au plus, avec des millions de seaux, ramassés par force dans les réservoirs privés, on

---

1. *Les Origines.* La Révolution, T. III, pp. 136-137-138.
2. *Vie* T. IV. Appendice. L'Association, p. 351 et sq.

arrive à remplir, péniblement, à moitié, la grande citerne artificielle et centrale, dont l'eau basse et stagnante n'aura jamais assez d'abondance et l'élan pour mouvoir l'énorme roue publique qui remplace les petites roues particulières et qui doit faire seule toute la besogne de la Nation [1]. »

∴

Une égale défiance vis-à-vis de l'intervention de l'Etat doit inspirer le régime de l'enseignement ; et ici plus jalousement peut-être que partout ailleurs, il importe d'empêcher l'Etat de s'arroger des prérogatives qui ne rentrent pas dans sa mission. Un enseignement officiel heurte de front des intérêts sociaux et des droits individuels.

En effet, l'enseignement officiel et uniforme, est lourd et disproportionné. L'Etat est trop haut, trop loin, trop abstrait pour être instituteur : il ne connaît pas les besoins locaux ni les exigences particulières. Or, on ne peut oublier que seules fonctionnent convenablement « les institutions qui naissent, spontanément, sur place. Elles s'adaptent aux circonstances,

---

1. *Les Origines.* La Révolution, T. IV, p. 141.

elles se proportionnent aux besoins, elles utilisent les ressources et donnent le maximum de rendement avec le minimum de frais [1] ». De cette façon, l'enseignement ne risque pas de dépasser son but : car « l'instruction est bonne, non pas en soi, mais par le bien qu'elle fait », et ce bien, elle ne le ferait pas, si, à cause d'elle, le travail manuel répugnait à ceux qui doivent le faire [2].

En cette matière d'enseignement, voici la règle à suivre : « que l'Etat s'abstienne d'y toucher, » car l'éducation se fait « spontanément, selon le lieu et le moment [3] ».

En un mot, veillez à ce que l'enseignement soit proportionné aux besoins qu'il doit satisfaire. Ne mettez pas au cœur de ceux que vous voulez éduquer, le désir d'enjamber d'un coup trop d'échelons de l'échelle sociale. Laissez les hommes se former et s'instruire, spontanément, selon leurs besoins et leur milieu ; que l'Etat n'intervienne pas dans cette œuvre, car son intervention est déprimante pour toutes les initiatives, elle est étouffante pour toutes les originalités ; elle aboutirait bientôt à ne former

---

1. *Ibidem.* Régime Moderne, T. II, p. 34.
2. *Ibidem*, T. III, p. 356, note.
3. *Ibidem.* La Révolution, T. III, pp. 147-149.

que des bureaucrates et des fonctionnaires, et l'on sait si la bureaucratie tue les initiatives précieuses, et si le fonctionnarisme étouffe les originalités fécondes.

De plus, il y a ici un droit à respecter.

« Dans les lycées les mieux tenus et où les professeurs sont très respectueux à l'endroit de la religion, les écoliers ne le sont pas ; dès l'âge de dix ans, entre eux, à la promenade ou pendant la récréation, ils discutent toutes les questions théoriques et ecclésiastiques, avec beaucoup de rudesse et d'impertinence. Or, un père vraiment catholique a horreur d'exposer la foi de son fils, surtout de son fils presque enfant, à de pareilles discussions et négations ; d'autant plus que l'effet en est presque infaillible, et que la plupart des gens, au sortir du lycée, ne sont plus catholiques et sont à peine chrétiens.

« Cela posé, il est très injuste et contraire à la liberté de conscience, d'empêcher les parents catholiques d'avoir des collèges à eux, composés et dirigés de manière à ce que la foi des écoliers y demeure intacte, et à l'abri de tout ébranlement [1]. »

1. *Vie*, T. IV, pp. 98-99.

Taine se prononce donc nettement en faveur de la liberté de l'enseignement, et d'une liberté absolue, écartant toute intervention de l'Etat.

Toute la politique de Taine est imprégnée de cet esprit de libéralisme, conséquence assez lointaine mais très réelle, du caractère naturaliste de son système philosophique. A force d'affirmer que tout, dans la Nature, est déterminé par la Nature elle-même, qui, partout et toujours, déploie la force de ses lois immuables, il en arrive à dire : laissez faire la Nature ; lorsque vous vous substituez à elle, vous êtes maladroits et impuissants. Le naturalisme, en matière d'organisation sociale, c'est du traditionnalisme et c'est, en politique, du libéralisme.

La religion est une chimère menteuse et décevante, mais elle est bienfaisante, et, dans la mission qu'elle remplit, elle est irremplaçable. Tout autre qu'elle échouerait dans l'œuvre de moralisation et de civilisation qu'elle accomplit au sein des sociétés humaines. N'intervenez pas dans cette œuvre délicate et difficile, car vous la détruiriez.

Ne souffrez que le moins possible l'intervention de l'Etat dans l'organisation sociale et politique de votre pays. Demandez-lui d'être un bon gendarme, car il doit vous protéger, mais ne permettez pas qu'il soit, tout à la fois, pontife, éducateur, commerçant, industriel, artiste. Ce sont toutes affaires privées, où son monopole et son concours absorbant ne peuvent être que nuisibles. Qu'il laisse à chacun le soin de satisfaire ses besoins et ses goûts, avec la liberté d'obéir à l'évêque ou au rabbin, au pasteur protestant ou au grand-maître de la Loge, avec la faculté d'être généreux ou pingre, actif ou paresseux, savant ou ignorant. Soyez plus intransigeants encore en matière d'instruction ; laissez cette œuvre aux éducateurs naturels : seuls ils connaissent les besoins à satisfaire, et les dangers à éviter.

Laissez les hommes s'associer spontanément, lorsqu'ils ont entre eux des intérêts communs de profession, de famille ou de lieu. Ne touchez pas à ces associations, à ces « cellules sociales », de peur de blesser l'organisme national dont elles sont la condition de vie. En toutes choses, laissez faire la Nature. Elle connaît vos besoins, puisqu'elle les crée ; elle pourra ce que vous ne pouvez pas : les satisfaire [1]. N'entravez pas le jeu de ses lois ; vous trouverez la justice dans son dernier développement [2].

1. *Phil. de l'Art*, T. II, pp. 119-120.
2. *Vie*, T. II, p. 121.

Laissez faire, laissez passer ; ce faisant, vous résoudrez toutes les questions sociales.

⁎⁎⁎

D'aucuns ont voulu voir dans l'apologie que Taine a faite de la religion et, en particulier, du christianisme, sinon le signe d'une conversion peu éloignée, du moins l'indice d'un rapprochement et d'un retour vers le catholicisme. Qu'il se soit opéré un certain revirement dans sa pensée intime, cela n'est pas douteux. Car outre les très belles pages qu'il a consacrées au rôle social de l'Eglise, dans les derniers volumes des *Origines*, il y a telles de ses déclarations vers la fin de sa vie qui sont singulièrement significatives. M. le comte d'Haussonville, dans un article assez récent, rapporte la conversation qu'il eut un jour avec Taine à l'Académie Française.

« Je lui avais procuré, écrit-il, un document auquel il attacha grand prix : c'était l' « Etat des congrégations, communautés et associations religieuses autorisées et non autorisées » que M. Brisson, précurseur de M. Waldeck-Rousseau, avait fait chasser dès 1878. A la suite de cette communication, j'eus avec lui, avant l'une de nos séances académiques, une assez longue conversation que je n'ai pas oubliée. Il me parla avec admiration des congrégations de femmes, de leur vie de charité et de dévouement, de fatigue incessante, sans un moment de défaillance ni de relâchement ; puis, s'animant, s'exaltant presque, et à ce moment son regard passa par dessus ma tête, il me prit le bras et, le serrant, il me dit : « Et savez-vous où elles puisent cette force ? C'est dans les sacrements, c'est dans l'Eucharistie [1]. »

Etait-ce le même homme qui, quelques années auparavant, écrivait, à propos des couvents de Toulouse :

« J'ai vu à la campagne celui des Trappistines ; elles ne sortent jamais, travaillent à la terre de leurs mains, se confessent par une grille, se lèvent à une heure du matin, dorment dans l'après-midi de une heure à deux. J'en voyais une vaguer dans le jardin dans sa longue robe d'un blanc jaunâtre, comme un maigre spectre lent et maladif au milieu du paysage éclatant et coloré. Il y en a quatre-vingts. *Quelle dépopulation dans les familles* [2]. »

---

1. Comte d'Haussonville, *La correspondance de Taine.* Article publié dans le *Gaulois* et reproduit par le XX° Siècle du 8 mai 1904.
2. *Carnets de Voyage*, p. 286. — *Voyage en Italie*, T. I, pp. 69, 116, 165, 275. — T. II, pp. 212 213.

Sans doute, Taine avait changé, mais le changement est dans le sentiment, non dans la pensée. Quand il faisait l'apologie de la religion chrétienne, il n'avait égard qu'à son rôle social. Il se plaisait à reconnaître l'influence éminemment précieuse qu'elle exerce dans la société et sur les âmes. Mais, pas plus qu'aux premiers jours qui suivirent son apostasie tranquille et presque insouciante, il ne songeait à rétablir cette influence sur son âme à lui ou sur sa pensée.

Taine avait abandonné la religion catholique vers l'âge de quinze ans, après un examen sommaire. Plus jamais, dans le reste de sa vie, il ne reprit le problème. La même ignorance, les mêmes préjugés souvent puérils, se retrouvent à vingt ans de distance et perdurent jusqu'à la fin de sa vie. On peut s'étonner de voir un homme d'une conscience aussi probe et aussi sincère, maintenir, pendant toute sa vie, les résultats d'une analyse inexpérimentée et d'un examen de conscience d'enfant.

« Comment un esprit aussi consciencieux, aussi pénétrant, aussi élevé que celui de Taine — se demande M. Giraud — n'a-t-il pas senti que, pour répudier définitivement une croyance, une doctrine qui a soutenu la vie morale de tant de nobles âmes et de hautes intelligences, il y avait lieu de la soumettre à un examen plus approfondi que celui d'où, à quinze ans, il était, si promptement, sorti résolûment incrédule ? « Peu de personnes, a dit profondément Renan, peu de personnes ont le droit de ne pas croire au christianisme. » Ce droit, Taine ne l'a jamais sérieusement acheté [1]. »

En matière religieuse, Taine a vécu toute sa vie sur une équivoque. Pour lui, la réconciliation entre la Science et la Foi devait rester à jamais impossible ; la Science ne peut admettre le mystère, parce qu'elle ne peut admettre qu'il y ait des bornes et des limites à l'intelligence humaine, et la Foi, c'est l'affirmation du mystère insondable et définitif. Or, Taine avait la religion de la Science ; il ne pouvait donc être l'adepte de la Foi.

« Telle était l'origine de son opposition intime au catholicisme, et cela dans les moments mêmes où il en parlait avec le plus d'intelligente sympathie : on se rappelle les pages célèbres qui dans les *Origines*, terminent les chapitres sur l'Eglise : d'un accent moins âpre, el-

---

1. Victor Giraud, *La personne et l'œuvre de Taine d'après sa correspondance. Revue des Deux Mondes.* 1ᵉʳ février 1908, p. 549.

lés affirment aussi nettement que le premier article publié ici même par Taine, l'opposition radicale, absolue de « la conception scientifique » et de « la conception catholique du monde ». Sur ce point essentiel, il n'a jamais varié, et, à cinquante ans d'intervalle, l'état d'esprit de sa quinzième année... lui dictait encore les mêmes conclusions [1]. »

Que sa volonté d'avoir des obsèques protestantes ait eu une signification doctrinale, nous ne le pensons pas. Sans doute, Taine a toujours eu pour le protestantisme un penchant secret et une sympathie non dissimulée. Il rapporta de ses voyages en Angleterre la conviction que le protestantisme n'était pas « décidément hostile à l'esprit des sciences modernes, ni aux tendances du monde moderne [2] ». Et deux ans avant sa mort, il écrivait à propos des rapports du protestantisme et de la science : « à mon sens, toutes les probabilités sont pour leur conciliation croissante ». Et une autre fois encore :

« Pour la religion, ce qui me semble incompatible avec la science moderne, ce n'est pas le christianisme mais le catholicisme actuel et

---

1. Victor Giroud, *Revue des Deux Mondes*, loc. cit., p. 355
2. *Notes sur l'Angleterre*, p. 391.

romain ; au contraire, avec le protestantisme large et libéral, la conciliation est possible [1]. »

Mais ces déclarations n'établissent qu'une préférence hypothétique. Si Taine avait dû choisir, il aurait choisi le protestantisme. Il n'en restait pas moins l'*incroyant* de la quinzième année. M. Gabriel Monod dit très bien : « Il avait le respect de l'âme humaine ; il en savait la faiblesse et se gardait de porter la main sur ce qui peut la fortifier contre le mal ou la consoler dans la douleur. C'est ce qui explique la démarche, mal comprise de quelques-uns, par laquelle ce libre-penseur, catholique de naissance, a exprimé le désir d'être enterré selon le rite protestant. Son aversion pour l'esprit de secte, pour les manifestations bruyantes, pour les discussions oiseuses lui faisait redouter un enterrement civil qui aurait pu paraître un acte d'hostilité contre la religion et lui attirer des hommages inspirés plus par le désir de contrister les croyants que par celui d'honorer sa mémoire... Un enterrement catholique, d'autre part, eût supposé un acte d'adhésion et une sorte de désaveu de ses doctrines. Il savait que l'Eglise protestante pouvait lui

---

1. *Vie*, T. IV, pp. 326 et 333.

accorder des prières tout en respectant son indépendance, et sans lui attribuer des regrets ou des espérances qui étaient loin de sa pensée [1]. »

Lorsque Taine remarqua chez M. Paul Bourget, qui avait été un des confidents de sa pensée, les premiers indices d'une évolution qui devait le ramener au catholicisme, il lui écrivait, non sans une certaine mélancolie :

« Peut-être la voie que vous prenez, votre idée de l'inconnaissable, d'un au-delà, d'un *noumène*, vous conduira-t-elle vers un port mystique, vers une forme du christianisme. Si vous y trouvez le repos et la santé de l'âme, je vous y saluerai non moins amicalement qu'aujourd'hui [2]. »

Mais le salut devait rester lointain, et Taine ne songea jamais à faire voile vers ce port mystique qu'il avait quitté pour n'y plus revenir.

***

Parmi les nombreuses critiques qui ont été élevées contre l'auteur des *Origines de la France contemporaine*, il en est une qui tend à s'ac-

---

1. Gabriel Monod, *op. cit.*, pp. 145-146.
2. *Vie*, T. IV, p. 293.

créditer de plus en plus et d'après laquelle l'apparition de ce grand ouvrage historique aurait marqué dans l'œuvre de Taine une orientation nouvelle et un changement de doctrine. Il y aurait désormais deux Taine : celui d'avant 1870, et celui des *Origines*.

Il y a, en effet, quelques contradictions à relever entre certaines théories et certaines affirmations qui se retrouvent datant de l'une et de l'autre période. Nous avons rapporté plus haut un passage des notes préparatoires qui devaient rentrer dans le dernier volume des *Origines*, passage où Taine affirme très catégoriquement que le suffrage universel est une « profonde injustice ». Or, on lit dans la brochure *Du suffrage universel et de la manière de voter*, parmi les raisons que Taine allègue pour le maintien de ce régime électoral :

« Une troisième raison plus forte, c'est qu'il paraît *conforme à l'équité*. Que je porte une blouse ou un habit, que je sois capitaliste ou manœuvre, personne n'a droit de disposer sans mon consentement, de mon argent ou de ma vie... Il est donc raisonnable qu'un paysan, un ouvrier vote tout comme un bourgeois ou un noble ; il a beau être ignorant, lourd, mal informé ; sa petite épargne, sa vie sont à lui et non à d'autres ; on lui fait tort, quand on les emploie sans le consulter, de près ou de loin, sur cet emploi [1]. »

D'autre part, les *Origines* sont une condamnation sévère du régime issu de la Révolution. Pour Taine, cet événement a provoqué une déviation dans l'évolution naturelle de la France depuis 1789 [2].

Or, l'on peut se demander comment, dans un système de déterminisme naturaliste, une pareille déviation est concevable. Rien n'échappe à l'empire des lois naturelles. Comment dès lors admettre l'idée d'un échec de ces lois ? D'ailleurs Taine lui-même n'écrivait-il pas vers 1865 : « Plus je vois la France, plus elle me semble avoir la constitution qui lui convient[3] ».

Il y a donc entre l'œuvre de Taine d'avant et l'œuvre d'après 1870, des contradictions, incontestablement. Mais est-ce à dire qu'elles permettent d'affirmer qu'il y a une contradiction dans la doctrine elle-même, et qu'il y aura désormais deux Taine ?

Assurément, non. M. Paul Bourget, dans

---

1. *Derniers Essais de Critique.* Du suffrage universel et de la manière de voter, p. 151.
2. *Vie*, T. III, p. 269.
3. *Carnets de Voyage*, p. 189.

une très belle étude, a victorieusement défendu la mémoire de Taine contre pareilles insinuations.

« M. Taine aurait donc changé de doctrine politique après la Commune que nul ne saurait légitimement ni reprocher à un positiviste une attitude mentale appuyée sur des faits, ni incriminer son autorité. Mais c'est un fait encore, et démontré par la *Correspondance*, que ce soi-disant changement ne s'est jamais produit. Le Taine de la vingtième année portait en lui, comme dessinée à l'avance, la mentalité du Taine de la cinquantième [1]. »

La doctrine, chez Taine, n'a, en effet, jamais varié : la même philosophie, les mêmes théories sociales inspirent toute son œuvre. Il y a eu certaines contradictions dans le détail. Ce n'est d'ailleurs pas là chose étonnante. Avant 1870, Taine n'avait jamais, comme dit M. Hanotaux, mis les pieds dans la rue. C'était un spéculatif, un travailleur de cabinet, et il ne lui était jamais arrivé de voir de près les hommes et les choses de la politique. Quand il en parlait, c'était avec une complète inexpérience et une très mince attention. Même en 1871,

---

1. Paul Bourget, *Les deux Taine*. Dans : *Études et Portraits. Sociologie et Littérature*. Paris, Plon, 1906, p. 86.

lorsqu'il écrivit sa brochure sur le suffrage universel, cette inexpérience était toujours aussi grande. Après vingt ans de recherches patientes et de labeur ininterrompu, il parla en connaissance de cause, et s'il lui est arrivé de se contredire dans le détail, il a maintenu jusqu'au bout la rigidité de sa doctrine et l'inflexibilité de ses principes.

Ce qui a changé chez Taine, et ceci d'une façon très notable, c'est son attitude d'esprit et sa manière de juger. La sérénité calme du déterministe et du naturaliste a disparu dans les *Origines*. On l'a noté plusieurs fois.

« Cette sérénité, qu'il puisait dans son déterminisme philosophique, n'a pas accompagné Taine jusqu'au bout. Son dernier ouvrage fait à cet égard contraste avec ses précédents écrits. Il ne se contente pas ici d'écrire et d'analyser ; il juge, il s'indigne ; au lieu de montrer simplement dans la chute de l'ancien régime, dans les violences de la Révolution, dans les gloires et la tyrannie de l'Empire, une succession de faits nécessaires et inévitables, il parle de fautes, d'erreurs, de crimes... [1] »

---

[1]. Gabriel Monod, *op. cit.*, p. 167. — Henry Michel, *L'idée de l'État. Essai critique*. Paris, Hachette, 1896, pp. 531 à 537.

Une telle façon de parler ne sied pas à un déterministe.

« Le savant, le naturaliste ne s'irritent pas contre le sujet sur lequel ils expérimentent ; ils ne l'aiment, ni ne le haïssent, et se bornent à l'observer. La critique est juste, mais c'est un grand honneur pour Taine de l'avoir méritée. Son âme hautement morale et généreuse se révolte contre l'impassibilité qui, conformément à sa théorie, aurait dû faire envisager froidement à l'historien les horreurs et les fautes racontées.

« Le philosophe positiviste, le savant ont beau prétendre que la matière, les principes, les méthodes des sciences morales doivent se réduire à ceux de la physique et de la biologie. Ils ne pourront jamais obliger celui qui observe ou juge un phénomène du monde moral, qui écrit ou lit l'histoire de grands crimes ou de grandes vertus, à se maintenir, en face de son étude, dans le même état d'âme et d'esprit que le naturaliste qui observe la chute d'un corps ou les contractions nerveuses d'une grenouille décapitée [1]. »

Le changement chez Taine n'est donc que

---

1. Barzellotti, op. cit., pp. 309-310.

superficiel ; il est dans l'attitude, non dans la pensée. Le seul reproche qu'on puisse lui adresser, c'est un reproche d'illogisme, non de contradiction.

Et c'est cette correspondance intime entre les conclusions des *Origines* et le reste de la philosophie de Taine, qui, en le défendant victorieusement contre l'accusation de dualité qu'on tente de répandre contre lui, nous impose de nécessaires restrictions dans l'attribution des mérites que nous reconnaissons à sa politique.

Si les admirables pages sur l'Eglise ne peuvent constituer pour les défenseurs de celle-ci un véritable argument d'apologétique, elles sont tout au moins, sous la plume d'un Taine, un éloge et un aveu d'un rare prix. On y rencontrerait de même des arguments singulièrement efficaces contre toutes les doctrines néfastes qui ont trouvé dans la Révolution Française, leur origine immédiate ou leur initiation lointaine.

Il y a ici, selon le mot de Brunetière, une utilisation à faire.

CHAPITRE XI

L'IDÉAL DANS L'ART.

L'art n'a pas d'autre but que de rechercher et d'exprimer la beauté de la Nature. L'art ne crée pas la beauté ; elle est dans les choses avant de passer dans les œuvres. Aussi bien, l'émotion la plus haute et la plus profonde naît-elle plus spontanément et plus entièrement au contact des choses naturelles qu'en présence des œuvres d'art. Taine a souvent exprimé la préférence qu'il accordait aux premières : seules elles donnent un plaisir parfait et une jouissance entière [1]. Les œuvres d'art ne sont belles qu'en tant qu'elles expriment et reproduisent la beauté naturelle.

Il y a des arts qui imitent et des arts qui n'i-

1. *Voyage en Italie*, T. I. p. 239.

mitent pas ; mais tous les arts tendent à la traduction et à l'expression de certains caractères : les premiers les prennent dans les choses, les seconds les recherchent dans les idées.

« Les uns et les autres cherchent à rendre dominateur quelque caractère notable. Les uns et les autres y arrivent en employant un ensemble de parties liées dont ils combinent ou modifient les rapports. La seule différence est que les arts d'imitation, la peinture, la sculpture et la poésie reproduisent des liaisons organiques et morales et font des œuvres correspondantes aux objets réels, tandis que les autres arts, la musique proprement dite et l'architecture, combinent des rapports mathématiques, pour créer des œuvres qui ne correspondent pas aux objets réels. Mais une symphonie, un temple... sont des êtres vivants comme un poème écrit ou une figure peinte ; car ils sont aussi des êtres organisés, dont toutes les parties sont mutuellement dépendantes et régies par un principe directeur ; ils ont aussi une physionomie, ils manifestent aussi une intention, ils parlent aussi par une expression ; ils aboutissent aussi à un effet. A tous ces titres, ils sont des créatures idéales du même ordre que les autres, soumises aux mêmes lois de formation comme aux mêmes règles de critique... ¹ »

La créature architecturale ou musicale n'est pas un amas de pierres symétriques ou une succession de notes harmonisées, mais « une sorte d'être intelligent, expressif, tout imprégné de la pensée intérieure qui le fonde et le soutient ² ».

On peut donc légiférer d'une façon générale pour toutes les formes de l'art. Quand on s'est rendu compte des lois qui dominent la production des œuvres d'art, on peut rechercher les règles dont l'observation est capable de leur assurer la place éminente qui revient à l'art, parmi les produits de l'activité humaine. Il fallait connaître ces lois avant de rechercher ces règles ; car l'art n'est que l'achèvement de la nature. Et si la beauté trouve dans la nature sa patrie d'origine, elle doit trouver dans l'art son expression consciente et sa traduction parfaite.

Le but de l'art est donc en quelque sorte de corriger la nature, puisque c'est opérer une sélection dans l'amas des caractères et des éléments naturels, et construire un agencement

1. *Phil. de l'Art*, T. II, p. 238.
2. *Derniers Essais de Critique.* Émile Boulmy, pp. 104-105.

capable de les exprimer « plus complètement et plus clairement que ne font les objets réels. Pour cela l'artiste se forme l'idée de ces caractères, et, d'après son idée, il tranforme l'objet réel. Cet objet, ainsi transformé, se trouve *conforme à l'idée*, en d'autres termes *idéal*. Ainsi, les choses passent du réel à l'idéal lorsque l'artiste les reproduit en les modifiant d'après son idée, et il les modifie d'après son idée lorsque, concevant et dégageant en elles quelque caractère notable, il altère systématiquement les rapports naturels de leurs parties, pour rendre ce caractère plus visible et plus dominateur [1]. »

Le but de l'œuvre d'art est donc de reproduire et d'exprimer les caractères saillants des choses, et de donner à cette expression une force telle que ces caractères en deviennent plus apparents et plus accessibles. Y a-t-il dans les choses des caractères qui s'imposent de préférence à d'autres et assurent à l'œuvre qui les exprime une valeur plus haute et un succès plus durable ? Leur expression comporte-t-elle des degrés ?

La réponse à ces questions constitue cette

---

[1]. *Phil. de l'Art*, II, p. 224.

partie de l'esthétique où l'énumération des règles a succédé à la recherche des lois, et qui lui restitue son caractère de science normative. C'est la dernière partie de la *Philosophie de l'Art*, que Taine a intitulée : *De l'Idéal dans l'Art*.

L'ensemble des règles qu'il y formule se déduisent toutes de ce principe : les œuvres d'art se hiérarchisent en une échelle de valeur croissante selon le degré d'importance et de bienfaisance du caractère exprimé par elles, et selon le degré de convergence des effets qu'elles emploient pour l'exprimer. Plus le caractère exprimé est important, c'est-à-dire plus il correspond à quelque force ou puissance souveraine dans la nature ; plus il est bienfaisant, c'est-à-dire plus il correspond à des forces naturelles qui tendent au développement de l'individu et du groupe en qui on les rencontre ; plus son expression est puissante par l'utilisation et la convergence de tous les éléments capables de l'exprimer, plus l'œuvre d'art qui l'exprime est assurée de rencontrer dans l'appréciation des hommes une sympathie durable et un succès constant.

Considérons ce principe dans son application la plus significative, dans son application « à l'homme moral et aux arts qui le prennent pour objet, c'est-à-dire à la musique dramatique, au roman, au théâtre, à l'épopée et, en général, à la littérature ».

« A la surface de l'homme sont des mœurs, des idées, un genre d'esprit qui durent trois ou quatre ans ; ce sont ceux de la mode et du moment. Un voyageur qui est allé en Amérique ou en Chine ne retrouve plus le même Paris qu'il avait quitté. Il se sent provincial et dépaysé ; la plaisanterie a changé d'allures ; le vocabulaire des clubs et des petits théâtres est différent ; l'élégant qui tient le haut du pavé n'a plus la même sorte d'élégance... ; les variations de la toilette mesurent les variations de ce genre d'esprit ; de tous les caractères de l'homme c'est le plus superficiel et le moins stable.

« Au dessous s'étend une couche de caractères un peu plus solides ; elle dure vingt, trente, quarante ans, environ une demi-période historique. Nous venons d'en voir finir une, celle qui eut son centre aux alentours de 1830. Vous en trouverez le personnage régnant dans l'*Antony* d'Alexandre Dumas... En somme, c'est le plébéien de race neuve, richement doué de facultés et de désirs, qui, pour la première fois, arrive aux sommets du monde, étale avec fracas le trouble de son esprit et de son cœur. Ses sentiments et ses idées sont ceux d'une génération entière ; c'est pourquoi il faut laisser passer une génération pour les voir disparaître.

« Nous voici arrivés aux couches du troisième ordre, celles-ci très vastes et très épaisses. Les caractères qui les composent durent une période historique complète, comme le moyen âge, la Renaissance, ou l'époque classique. Une même forme d'esprit règne alors pendant un ou plusieurs siècles, et résiste aux frottements sourds, aux destructions violentes, à tous les coups de sape ou de mine qui, pendant tout l'intervalle l'attaquent incessamment..

« Si fermes et stables que soient ces types, ils finissent. Nous voyons, depuis quatre-vingts ans, le Français engagé dans le régime démocratique, perdre une portion de sa politesse, la plus grande partie de sa galanterie, échauffer, diversifier et altérer son style, entendre d'une façon nouvelle tous les grands intérêts de la société et de l'esprit. Un peuple, dans le cours de sa longue vie, traverse plusieurs renouvellements semblables, et pourtant il reste lui-même, non seulement par la continuité des générations qui le composent, mais encore par la persistance du caractère qui la fonde. En cela consiste la couche primitive ; par dessous les puissantes assises que les périodes historiques emportent, plonge et s'étend une assise bien plus puissante que les périodes historiques n'emportent pas. — Considérez tour à tour les grands peuples depuis leur apparition jusqu'à l'époque présente ; toujours vous trouverez un groupe d'instincts et d'aptitudes sur lesquels les révolutions, les décadences, la civilisation, ont passé sans avoir prise. Ces aptitudes et ces instincts sont dans le sang et se transmettent avec lui... — Il en est ainsi pour chaque peuple ; il suffit de comparer une époque de son histoire à l'époque contemporaine d'une autre histoire, pour retrouver sous des altérations secondaires le fond national toujours intact et persistant.

« Si vous cherchiez plus bas, vous trouveriez encore des fondements plus profonds ; là sont des strates obscures et gigantesques que la linguistique commence à mettre à nu. Par-dessous les caractères des peuples sont les caractère des races...

« Enfin au plus bas étage, se trouvent les caractères propres à toute race supérieure et capable de civilisation spontanée, c'est-à-dire douée de cette aptitude aux idées générales qui est l'apanage de l'homme et le conduit à fonder des sociétés, des religions, des philosophies et des arts ; de pareilles dispositions subsistent à travers toutes les différences de race, et les diversités physiologiques qui maîtrisent le reste ne parviennent pas à les entamer.

« Tel est l'ordre dans lequel se superposent les couches de sentiments, d'idées, d'aptitudes et d'instincts qui composent une âme humaine. Vous voyez comment, en descendant des supérieures aux inférieures, on les trouve toujours plus épaisses, et comment leur importance se mesure à leur stabilité [1]. »

On peut donc, parmi les caractères et les éléments qui constituent l'âme humaine, établir une échelle de valeur croissante selon le degré de leur importance. Pareillement, on peut y établir une seconde échelle selon le degré de leur bienfaisance :

« Les caractères s'y classent, selon qu'ils sont plus ou moins nuisibles ou salutaires, par la grandeur de la difficulté ou de l'aide qu'ils introduisent dans notre vie, pour la détruire ou la conserver.

[1]. *Phil. de l'Art*, T. II, pp. 246 à 251.

« Il s'agit donc de vivre, et, pour l'individu, la vie a deux directions principales : ou il connaît, ou il agit ; c'est pourquoi on peut distinguer en lui deux facultés principales, l'intelligence et la volonté. D'où il suit que tous les caractères de la volonté et de l'intelligence qui aident l'homme dans l'action et la connaissance sont bienfaisants, et les contraires malfaisants. »

Mais il ne suffit pas de considérer l'homme isolé ; il faut aussi le voir dans son groupe.

« Quelle est la disposition qui rendra sa vie bienfaisante pour la société dans laquelle il est compris ?... Où est le ressort intérieur qui le rendra utile à autrui ?

« Il en est un qui est unique ; c'est la faculté d'aimer : car aimer, c'est avoir pour but le bonheur d'un autre, se subordonner à lui, s'employer et se dévouer à son bien. Vous reconnaissez là le caractère bienfaisant par excellence... Nous sommes touchés à son aspect, quelle que soit sa forme, générosité, humanité, douceur, tendresse, bonté native ; notre sympathie s'émeut en sa présence, quel que soit son objet... Plus son objet est vaste, plus nous le trouvons beau. C'est que sa bienfaisance s'étend avec le groupe auquel elle s'applique. C'est pourquoi, dans l'histoire et dans la vie, nous réservons notre admiration la plus haute pour les dévouements qui s'emploient au service des intérêts généraux : pour le patriotisme... pour le grand sentiment de charité universelle... pour ce zèle passionné qui a soutenu tant d'inventeurs désintéressés... pour toutes ces vertus supérieures qui, sous le nom de probité, justice, honneur, capacité de sacrifice, subordination de soi-même à quelque haute idée d'ensemble, développent la civilisation humaine...[1]»

Voilà donc deux échelles de caractères naturels, c'est-à-dire de « valeurs morales », parmi lesquels l'artiste aura à faire choix. Et selon que son œuvre exprimera un caractère plus ou moins élevé dans chacune de ces échelles, elle ira prendre rang à un échelon plus ou moins élevé dans l'échelle des valeurs artistiques. Il y a, en effet, ici une correspondance parfaite et l'on peut graduer l'échelle des valeurs artistiques de la même façon qu'on a gradué l'échelle des valeurs morales. En appliquant cette loi à la littérature on trouve que : « toutes choses égales d'ailleurs, selon que le caractère mis en relief par un livre est plus ou moins important, c'est-à-dire plus ou moins élémen-

---

1. *Phil. de l'Art*, T. II, pp. 284 à 288.

taire et stable, ce livre est plus ou moins beau [1] » ; et « toutes choses égales d'ailleurs, l'œuvre qui exprime un caractère bienfaisant est supérieure à l'œuvre qui exprime un caractère malfaisant. Deux œuvres étant données, si toutes deux mettent en scène, avec le même talent d'exécution, des forces naturelles de la même grandeur, celle qui nous représente un héros vaut mieux que celle qui nous représente un pleutre... [2] »

« Telle est la double échelle d'après laquelle se classent à la fois les caractères des choses et les valeurs des œuvres d'art. Selon que les caractères sont plus importants ou bienfaisants, ils ont une place plus haute, et mettent à un rang plus haut les œuvres d'art par lequelles ils sont exprimés...

« Tantôt le caractère est une de ces puissances primitives et mécaniques qui sont l'essence des choses : tantôt il est une de ces puissances ultérieures et capables de grandir, qui marquent la direction du monde ; et l'on comprend pourquoi l'art est supérieur, lorsque, prenant pour objet la nature, il manifeste tantôt quelque portion profonde de son fonds in-

1. *Phil. de l'Art*, T. II, p. 257.
2. *Ibidem*, p. 280.

time, tantôt quelque moment supérieur de son développement [1]. »

Que si l'on établit enfin, parmi les œuvres d'art, une troisième échelle croissante, selon le degré de convergence de leurs effets, l'on sera en mesure de les classer définitivement dans l'ordre hiérarchique de la beauté qu'elles possèdent et de la valeur qu'elles acquièrent.

« Plus l'artiste a démêlé et fait converger dans son œuvre des éléments nombreux et capables d'effet, plus le caractère qu'il veut mettre en lumière devient dominateur ; l'art tout entier tient en deux paroles : manifester en concentrant [2]. »

« Le chef-d'œuvre est celui dans lequel la plus grande puissance reçoit le plus grand développement [3]. »

Transportés de la chaire dans l'atelier, de pareilles doctrines deviennent une méthode, de tels principes deviennent des règles. Si Taine avait parlé à des hommes de métier, il aurait transformé ses remarques en conseils. Il aurait appris à ceux qui manient le pinceau ou le ciseau, qu'il faut obéir dans tout art, par delà les

1. *Ibidem*, pp. 313-314.
2. *Ibidem*, p. 324.
3. *Ibidem* p. 315.

procédés de la technique, aux raisonnements de l'esprit et aux inspirations du cœur. « L'avenir est en tout art à celui qui choisit ou rencontre des sujets que toutes les générations aimeront [1]. » Il importe donc de rechercher les caractères qui traduisent les forces primordiales de la nature, et, par conséquent, de laisser parler en soi les puissances primitives dont les dernières ondulations viennent mourir dans nos âmes : « les paroles spontanées font de l'œuvre d'art une chose éternelle », car l'œuvre d'art spontanée traduit les grandes forces qui conduisent ou entrechoquent les événements humains [2]. L'art comme la science nous révèle que « la nature s'achève par la raison [3] » : la pensée est l'expression intelligente de ses lois éternelles, l'art est la traduction consciente de sa beauté infinie.

**

M. de Margerie, parlant des considérations assez inattendues qu'on rencontre dans l'*Idéal dans l'Art*, juge que la philosophie de Taine y trouve un supplément de valeur morale : « A

---

1. *Carnets de Voyage*, p. 45.
2. *Voyage en Italie*, T. I, pp. 4-5. — T. II, pp. 9-10.
3. *Hist. Litt. Angl.*, T. IV, p. 123.

défaut de l'ascension dialectique dont on s'est fermé les chemins, il s'opère, en dépit de la doctrine et de ses négations, une ascension esthétique [1]. »

On a souvent fait remarquer que l'importance attachée par Taine au degré de bienfaisance du caractère exprimé par l'œuvre d'art, faisait en quelque sorte disparate avec le principe de son déterminisme [2]. Si toute chose est nécessairement ce qu'elle est, anneau indispensable dans la chaîne des nécessités qui déterminent les événements et les êtres, on ne voit pas comment on pourrait lui reconnaître, de préférence à d'autres, une utilité plus grande et une bienfaisance plus large.

Cette notion de la bienfaisance du caractère s'accorde, en effet, assez difficilement avec le principe déterministe. Mais qu'elle fasse disparate et constitue une contradiction dans l'esthétique de Taine, on ne pourrait l'affirmer. On peut constater la bienfaisance d'une force en notant les accroissements auxquels son action aboutit ; et d'autre part, on peut constater que d'autres forces n'aboutissent pas à ces accrois-

---

1. Amédée de Margerie, *op. cit*., p. 307. — Cf. Brunetière, *L'art et la Morale. Discours de combat*, 1ʳᵉ série.
2. Gabriel Monod, *op. cit.*, p. 132.

sements ou annihilent ceux de la première. Considérées *dans leur ensemble*, une pareille distinction n'est pas recevable, puisque ces forces se conditionnent l'une l'autre ; mais considérées isolément, après analyse, rien ne pourrait empêcher un déterministe d'examiner les points de vue nouveaux introduits par cette analyse.

Le reproche a cependant un fondement de vérité en ce qu'il fait ressortir, sinon la contradiction entre la philosophie de Taine et son esthétique normative, du moins l'indépendance de celle-ci vis-à-vis de celle-là. — Les préoccupations systématiques sont ici très peu apparentes : on y remarque à peine l'ombre en général si épaisse que projette le système de Taine sur toutes les études particulières qu'il a entreprises et qu'il y a encadrées. — Somme toute, ce reproche devient une louange, et M. de Margerie l'exprimait fort bien en appelant cet affranchissement de Taine, son « ascension esthétique. »

M. Barzellotti oppose à Taine une exception d'incompétence.

« Ce qui lui manquait le plus — écrit-il — c'était... l'expérience technique proprement dite. Lui qui n'avait jamais conçu ni exécuté une œuvre d'art figurative, il ne pouvait, comme critique, se rendre bien compte que par analogie, et avec les données que lui fournissait son expérience d'écrivain, du travail d'imagination de l'artiste. C'est là, d'ailleurs, ce qu'ont toujours fait, plus ou moins bien, les littérateurs devenus critiques d'art, et ce qui n'a cessé de les exposer à l'accusation, de la part des artistes, d'être restés, dans leur critique, uniquement des écrivains et des littérateurs [1]. »

Il semble que ce reproche ne soit pas justifié ; Taine n'est pas, en effet, un critique d'art, à proprement parler. Il s'est évertué à démêler les principes généraux qui doivent guider la production des œuvres d'art ; il a fait œuvre de philosophe, et il ne semble pas que pour la mener à bien, il eût dû justifier de connaissances techniques.

Quoi qu'on puisse arguer de la méthode et des principes de la *Philosophie de l'Art*, il reste que l'esthétique normative de Taine constitue une ascension vers un idéal plus élevé et plus humain, une sorte de trêve aux rigueurs du déterminisme implacable et rigide.

1. Barzellotti, *op. cit.*, pp. 206-207.

CHAPITRE XII

CONCLUSION.

C'EST à l'histoire de la philosophie qu'il appartient de rechercher l'influence que les esprits exercent les uns sur les autres. Si l'heure n'est pas encore venue de préciser dans le détail tous les liens de filiation intellectuelle qui rattachent Taine à ses ascendants et à ses descendants, on peut cependant déjà indiquer dans leurs grandes lignes, les influences que reflète son œuvre et celles qu'elle a exercées sur les œuvres contemporaines et postérieures.

La tâche est délicate, sans doute, mais elle est singulièrement facilitée par le caractère en quelque sorte « statique » de cette philosophie. Il n'y a pas eu d'évolution dans la pensée de Taine : telle elle inspirait les conclusions du

La Fontaine, telle elle se retrouve au terme des *Origines*. Les influences acceptées d'une façon délibérée ou inconsciente sont à la fin ce qu'elles étaient au début.

« Il y a peu d'exemples d'une pensée aussi fidèle à elle-même, aussi nettement formulée dès le début, aussi rigoureusement maintenue jusqu'au bout dans sa ligne inflexible à travers une accumulation incessante de faits, un jaillissement intarissable d'idées et d'images. De la première ébauche de sa thèse sur les sensations au dernier chapitre de ses *Origines*, Taine reste identique à lui-même, et la Préface du *Tite-Live*, la conclusion des *Philosophes français*, l'*Introduction à la Littérature anglaise*, le livre de l'*Intelligence*, marquent les points de repère d'un système plutôt que les étapes d'une pensée qui évolue [1]. »

D'où lui venaient cette assurance tranquille, cette fixité de pensée qui font qu'il se retrouve, après cinquante ans d'expériences et de travaux, dans le même état d'esprit et de conviction philosophique qu'à sa vingtième année ? Il avait adopté un système dans l'ardeur de son esprit jeune et avide de certitude : cela suffit à immo-

[1] Gabriel Monod, *op. cit.*, pp. 130-131.

biliser pour toujours l'intelligence de Taine dans les cadres d'une conception philosophique où toutes ses théories et toutes ses doctrines vinrent plus tard se ranger. Cette influence primordiale et indélébile qui s'exerça sur lui est celle de Spinoza.

Taine a raconté lui-même les circonstances qui déterminèrent l'orientation définitive de sa pensée. Il avait quinze ans lorsqu'il abandonna ses convictions religieuses.

« La raison — dit-il — apparut en moi comme une lumière ; je commençai à soupçonner qu'il y avait quelque chose au delà de ce que j'avais vu ; je me mis à chercher comme à tâtons dans les ténèbres. Ce qui tomba d'abord devant cet esprit d'examen, ce fut ma conviction religieuse. Un doute en provoquait un autre ; chaque croyance en entraînait une autre dans sa chute... Les trois années qui suivirent furent douces ; ce furent trois années de recherches et de découvertes. Je ne songeais qu'à agrandir mon intelligence, à augmenter ma science, à acquérir un sentiment plus vif du beau et du vrai... J'osai, dans mon inexpérience et dans mon audacieuse confiance, essayer une foule de questions qui ne peuvent être traitées que par des hommes d'un esprit mûr et très instruits.

Mais la vanité de mes efforts et l'insuffisance de mes découvertes me rappelèrent bientôt au bon sens. Je compris qu'avant de connaître les destinées de l'homme, il fallait connaître l'homme lui-même. Alors naquirent mes premières idées de philosophie. — Elles se développèrent pendant tout le temps que je passai dans la classe de rhétorique... Ce fut alors que je revins à la vraie philosophie et aux questions importantes que j'avais déjà considérées au début de ma raison. Malgré la chute de mon christianisme, j'avais conservé les croyances naturelles, celle de l'existence de Dieu, celle de l'immortalité de l'âme, celle de la loi du devoir. J'en vins à examiner sur quels fondements j'appuyais ces croyances : je trouvai des probabilités et aucune certitude ; je trouvai faibles les preuves qu'on en donnait... ; je devins sceptique en science et en morale ; j'allai jusqu'à la dernière limite du doute ; et il me sembla que toutes les bases de la connaissance et de la croyance étaient renversées... ; j'allais toujours plus avant, jusqu'à ce qu'un jour je ne trouvai plus rien debout... Je me trouvais dans le vide et dans le néant, perdu et englouti...[1]. »

1. *Vie*, T. I. — *De la destinée humaine*, pp. 21 à 23.

Taine traversait une crise, mais elle n'était pas religieuse, elle était philosophique. La perte de la foi chez lui, « ne fut point une révolution sanglante, mais une découverte tranquille [1]: » Il voulait contrôler tous les « acquis » de son intelligence et il abandonna tout ce qui ne faisait pas certitude raisonnée en elle. Tout croula devant cet esprit critique, mais parmi les ruines accumulées par lui, subsistait la volonté d'un dogmatique par nature et par tempérament, du futur croyant de la science qui *voulait* des certitudes.

« Irrité de l'inutilité de mes efforts, je me jouais de ma raison ; je me complus à soutenir le pour et le contre ; je mis le scepticisme en pratique. Puis, fatigué des contradictions, je mis mon esprit au service de l'opinion la plus nouvelle et la plus poétique ; je défendis le panthéisme à outrance ; je m'attachai à en parler en artiste ; je me complus dans ce monde nouveau et, comme par jeu, j'en explorai toutes les parties. Ce fut mon salut.

« En effet, dès lors, la métaphysique me parut intelligible et la science sérieuse. J'arrivai à force de chercher, à une hauteur d'où je pou-

---

1. Victor Giraud, *La personne et l'œuvre de Taine*, loc. cit., pp. 546-547.

vais embrasser tout l'horizon philosophique, comprendre l'opposition des systèmes, voir la naissance des opinions, découvrir le nœud des divergences et la solution des difficultés [1]. »

Dès ce moment, le panthéisme spinoziste donna à Taine cette sorte de sérénité scientifique qui imprègne toute sa philosophie, malgré son pessimisme pratique. Il resta toujours fidèle à l'influence de son « cher et vénéré Spinoza [2]. » Si son œuvre a véritablement le caractère d'un système philosophique, c'est que le panthéisme de son maître n'a cessé d'inspirer ses « vues d'ensemble », et de réaliser, dans l'amas de ses théories, l'unité qui les organise et qui les soutient.

Mais cette influence de Spinoza ne devait pas dépasser la conception générale de la philosophie de Taine ; « Spinoza n'est mon maître qu'à moitié », écrivait-il [3]. C'est qu'en effet il n'aurait pu l'être jusqu'au bout. Par ses études de psychologie expérimentale, Taine allait être amené à donner à son panthéisme un caractère plus scientifique ; ses études sur la philosophie allemande lui avaient donné le goût de l'abstrac-

1. *Vie*, T. I, p. 25.
2. *Nouveaux Essais de Critique*. Franz Wœpke, p. 321.
3. *Vie*, T. I, p. 75.

tion et du raisonnement. Hégel confirma et circonstancia sa conception spinoziste [1]. Taine définissait le philosophe allemand : « un Spinoza multiplié par Aristote [2], » et il en admira la force de logique et de dialectique. Mais il n'en aima pas toujours les constructions hardies : « cela est grand mais cela n'est pas la métaphysique vraie [3]. » En somme, Hegel exerça sur lui une influence de formation bien plus qu'une influence doctrinale. Il admirait la prodigieuse vigueur de ce génie qui l'a fait monter à des hauteurs où peu de philosophes sont parvenus, mais il estimait qu'il fallait des contrepoids à cet « entassement d'abstractions formidables ». On n'en pourrait trouver de meilleurs que Voltaire et Condillac [4].

Ce sont ceux dont Taine s'est servi. Le second surtout fut efficace ; Taine lui doit les principes fondamentaux de sa psychologie. A son avis, « la méthode de Condillac est un des chefs-d'œuvre de l'esprit humain [5]. » Il lui a emprunté cette théorie « très féconde... mais

---

1 Paul Lacombe, *La psychologie des individus et des sociétés chez Taine*. Paris, Alcan, 1906, p. 362.
2. *Vie*, T. I, p. 151.
3. *Ibidem*, p. 217.
4. *Les Philosophes classiques*, pp. 133-131.
5. *Ibidem*, p. 17. — Lévy-Bruhl, *op. cit.*, p. 422.

sans développements ni preuves suffisantes, qui pose que toutes nos idées générales se réduisent à des signes [1]. »

En psychologie, il faut noter encore les emprunts assez nombreux qu'il a faits à John Stuart Mill et à Bain, et qu'il a cités d'ailleurs tout au long et avec une entière loyauté [2].

Taine doit à son époque plus qu'à l'influence de tel ou tel esprit en particulier, le caractère positiviste de sa méthode. Il ne tenait pas en grande estime l'esprit et la doctrine d'Auguste Comte [3]. Si le fondateur du positivisme a exercé une influence sur le choix de la méthode adoptée par Taine, elle a été en quelque sorte inconsciente et en tout cas, indirecte. Il subissait directement l'influence de son « milieu » et de son « moment », où l'esprit positiviste était fort en honneur.

Il faut encore citer, parmi les influences subies par Taine, deux noms pour lesquels il professait une admiration qui est allée jusqu'à l'acceptation des doctrines : Gœthe et Marc-Aurèle.

« Gœthe est le trait d'union par lequel, dans la pensée de Taine, la conception spinoziste de

---

1. *De l'Intelligence. Préface*, p. 5.
2. *Vie*, T. III, pp. 216-217.
3. Barzellotti, *op. cit.*, p. 69, note 1.

l'unité et de la nécessité rationnelle et causale des choses s'unit à une intuition de la vie divine et de la puissance créatrice des forces de l'univers. C'est une intuition poétique et métaphysique à la fois, qui constitue l'un des traits dominants de sa doctrine, celui par lequel elle se rapproche le plus de celle des métaphysiciens allemands [1]. »

Marc-Aurèle a inspiré toute la morale pratique de Taine ; ses *Pensées* étaient l'un de ses livres de chevet : « Marc-Aurèle est mon catéchisme [2]. »

Il est une dernière influence qu'il faut noter, très importante, car elle touche à cette partie de la philosophie de Taine qui paraissait devoir lui conserver un caractère d'originalité incontestable. Aussi bien cette influence n'est-elle pas avouée ; on ne retrouve nulle part sous la plume de Taine le nom de Herder, qui avait cependant formulé dans ses *Idées sur la philosophie de l'histoire de l'humanité*, une théorie très voisine de celle que nous avons intitulée plus haut : loi des Facteurs Primordiaux.

Herder prétend expliquer dans ses grandes lignes, l'histoire de l'humanité par l'action de

1. *Ibidem*, p. 39.
2. *Vie*, T. I, p. 173.

trois facteurs qu'il appelle : le temps, le lieu et le génie national. « Toutes choses sur notre terre, dit-il, ont été ce qu'elles pouvaient être selon la situation et les besoins du lieu, les circonstances et le caractère du temps, le génie natif ou accidentel des peuples [1]. » Incontestablement la théorie qui affirme que tous les phénomènes sociaux sont le produit de la race, du moment et du milieu n'est pas éloignée de celle-ci. Taine n'a-t-il fait que préciser et développer les idées de Herder, transformant en loi ce qui n'était chez Herder qu'une formule ? La rencontre peut n'être que fortuite et on serait tenté de le croire, lorsqu'on se rappelle la sincérité et la probité intellectuelles de Taine. Peut-être estimait-il les changements qu'il a apportés à cette théorie assez importants pour lui restituer un caractère d'originalité [2].

Ces recherches sur la filiation intellectuelle de Taine aboutissent donc à faire voir que le meilleur de sa philosophie ne venait pas de lui ; sa pensée s'est nourrie de celle de ses devanciers. Mais il a eu ce grand mérite d'avoir

---

[1]. Herder, *Idées sur la philosophie de l'histoire de l'humanité*, 1784-1787. Traduction Edgar Quinet, 1834. Livre XII, chap. VI.
[2]. Barzellotti, *op. cit.*, pp. 32, 35, 105, note 1, 186. — A. Aulard, *Taine historien de la Révolution française*. Paris, Colin, 1907, pp. 4 à 6.

rassemblé dans un système très cohérent un ensemble de doctrines de provenance très diverse.

La richesse du style n'est pas étrangère au succès qu'ont rencontré les ouvrages de Taine, mais ce qui l'a assuré au premier chef, c'est la vigueur d'une pensée qui ne faiblit jamais et qui, depuis les principes les plus abstraits jusqu'aux déductions les plus lointaines, conserve une unité d'allures et une clarté dans l'exposition, capables d'assurer à l'œuvre un empire durable sur les esprits.

Il nous reste un dernier point à élucider : quelle influence l'œuvre de Taine a-t-elle exercée et exerce-t-elle encore aujourd'hui.

« Un système a atteint sa plus haute valeur, d'abord quand il est, à un moment donné, le meilleur moyen d'ordonner l'ensemble des notions acquises, puis quand il fournit un bon cadre de recherches, une méthode efficace de découvertes. Sa carrière est close, quand ces mérites faiblissent. Il se survit alors par des éléments détachés, dont plusieurs entrent dans l'acquis définitif de l'esprit humain et sont parfois d'un prix immense. A ce titre la philosophie de Taine a rencontré une rare fortune. La machine à penser et à raisonner qu'il avait construite est celle dont deux générations de suite se sont servies ; pendant quarante ans, toutes les idées dominantes ont porté la même marque d'origine, la sienne. La troisième génération commence à tenter d'autres voies. Mais que de conceptions capitales elle emporte encore avec elle qui lui viennent du grand initiateur, sans qu'elle se doute qu'elle les lui doit ! Ces conceptions sont entrées dans le patrimoine commun ; l'étiquette s'en est détachée en quelque sorte. Le premier triomphe du penseur, c'est l'anonymat de ses idées ; sa gloire, pour être durable doit d'abord se voiler. Dans un demi-siècle, quand on aura assez avancé pour embrasser, en se retournant, une profonde perspective, la critique remontera du regard jusqu'au sommet d'où la source a jailli. La grandeur et le prestige, qui ne sont jamais que prêtés pour un temps à une doctrine déterminée, ceindront de nouveau la figure de l'homme et lui feront une place mémorable dans l'histoire du progrès de la pensée humaine [1]. »

Ce jugement de M. Boutmy nous paraît résumer d'une façon très heureuse l'influence que Taine a exercée sur la littérature et la philosophie de la deuxième moitié du XIXe siècle en France.

---

1. Boutmy, *op cit.*, pp. 6-7. — Gabriel Monod, *op. cit.*, p. 197.

M. Victor Giraud, dans son *Essai sur Taine* est entré dans le détail et a démêlé avec beaucoup de sagacité et de finesse, la part qui revient à Taine dans la pensée et les œuvres de ceux qu'on pourrait appeler ses disciples, si l'indépendance de cet esprit dominateur ne l'avait toujours empêché de faire école [1]. Il rattache à Taine des critiques comme Sainte-Beuve, des naturalistes comme Zola, Alphonse Daudet, Maupassant, des historiens comme MM. Lavisse, Hanotaux, Sorel, des critiques sociologues comme Brunetière et M. Jules Lemaître, des romanciers comme M. Paul Bourget et M. Maurice Barrès. L'indication de ces noms suffit à montrer la place considérable occupée par Taine dans l'histoire des idées du siècle dernier.

Le siècle qui s'ouvre ne semble pas devoir ménager à cette influence de Taine une diminution. Mais on peut augurer de certaines tendances qui se font jour en France à l'heure actuelle, que cette influence changera d'objet. M. Paul Bourget désignait la plus marquante de ces tendances lorsqu'il écrivait tout récemment :

« En fait, le grand livre des *Origines* a marqué le point de départ du vaste renouveau d'idées

---

1. Victor Giraud, *Essai sur Taine*, chap. IV.

conservatrices que nous voyons se propager aujourd'hui. Le traditionnalisme par positivisme, cette doctrine si féconde en conséquences encore incalculables, relève de lui [1]. »

M. Bourget voulait désigner le groupe de l'*Action française* qui a fait des doctrines contre-révolutionnaires son programme et de la contre-Révolution son objet. Les *Origines* sont la principale source de cette doctrine nouvelle. M. L. Dimier, un des chefs les plus écoutés du groupe, écrivait en 1907 :

« Sans Taine, les enseignements de Bonald et de Maistre, la critique de Rivarol n'eussent point rappelé l'opinion, repris leur premier rang dans une vulgarisation de la contre-révolution. La doctrine contre-révolutionnaire est aussi ancienne que la Révolution ; le mouvement contre-révolutionnaire dans les intelligences françaises date de 1876, que parut le premier volume de l'*Histoire de la Révolution* de Taine [2]. »

C'est là, semble-t-il, l'orientation que tend à prendre l'influence exercée par Taine. Son système philosophique aura perdu son crédit,

---

1. Paul Bourget, *Les deux Taine,* loc. cit., p. 113.
2. L. Dimier, *Les maîtres de la contre-révolution au XIX° siècle.* Paris, Nouvelle librairie nationale, 1907, p. 188. — Cf. D. Parodi, *Traditionalisme et positivisme. Revue de synthèse historique.* Paris, 1906. T. XIII, pp. 265 et sq.

lorsque ses principes de philosophie sociale inspireront encore les esprits et les œuvres des générations à venir. La théorie des milieux ne trouve plus de défenseurs ; quelques-uns s'en serviront peut-être encore comme d'un « meuble à compartiments » selon le mot de M. Anatole France ; l'esthétique de Taine subit de la part de plusieurs écrivains allemands des critiques sévères et dont plusieurs paraissent décisives ; ses mérites d'historien sont contestés par M. Aulard et l'école nouvelle ; sa psychologie a été dépassée et on l'oublie. Seule sa philosophie sociale trouve encore d'ardents défenseurs. Nous dirions volontiers que seule, elle mérite d'en trouver. Le traditionalisme par positivisme est sans doute trop formaliste quand il exige le maintien des institutions dans les formes mêmes où elles ont toujours été pratiquées — ces formes doivent nécessairement varier selon les exigences de l'évolution historique — mais le traditionalisme inspiré par Taine, en tant qu'il prêche le maintien d'une tradition de l'*esprit* des institutions, constitue un principe d'économie sociale éminemment fécond en résultats précieux. En entendant de cette façon l'influence durable que peut conserver l'œuvre de Taine, nous ferions volontiers nôtres ces mots que M. de Vogüé écrivait au lendemain de la mort du grand penseur :

« Attendons encore un peu ; j'ai la ferme confiance que l'action intellectuelle de Taine, considérée dans sa résultante apparaîtra bonne et saine, utile surtout par les destructions nécessaires qu'on lui doit. D'ailleurs, et c'est là le grand point, une thèse, même aventurée, une idée, même erronée, ne sont jamais malfaisantes quand elles sortent d'une source parfaitement pure ; c'est toujours à la source, à l'intention de l'homme que nous remontons d'instinct ; si elle est sincère, véridique, désintéressée, on oubliera, on corrigera les idées, il ne restera que l'éternelle leçon, le bienfaisant exemple d'une belle âme cherchant le vrai [1]. »

A mesure que les années s'écoulent, on corrige et on oublie ; il ne restera bientôt de l'œuvre de Taine, que ses portions saines et utiles, perpétuant à travers les générations futures le souvenir de cette grande figure, de cette noble âme, dont les vertus intellectuelles trouveront encore des imitateurs, quand l'oubli aura enveloppé ses idées téméraires et ses principes erronés.

1. E. M. de Vogüé, *op. cit.*, pp. 201-202.

TABLE DES MATIÈRES.

Avant-propos. . . . . p. IX
Préface. . . . . p. XI

CHAPITRE I.
La vie de Taine.

Notes biographiques. . . . . p. 1
Bibliographie . . . . p. 26

PREMIÈRE PARTIE.
LES CAUSES.

CHAPITRE II.
Les causes dernières. La métaphysique.

Exposé de la métaphysique de Taine. — Son principe fondamental. — La métaphysique est la recherche des premières causes, c'est-à-dire des lois générales. — La métaphysique de Taine est un panthéisme naturaliste. — Démonstration et preuves. — L'argument des « trois possibilités ». — Il n'existe qu'un seul être dont la manifestation revêt deux formes. — L'essence de toute chose est une série de lois superposées. — L'argument psychologique. — Le panthéisme est une religion. . . p. 37
Critique de la métaphysique de Taine. — Taine a prétendu allier le positivisme à la métaphysique. — Examen de l'argument des « trois possibilités ».

— La métaphysique de Taine repose sur une conception erronée : elle ne considère l'être que quantitativement. — Le panthéisme n'est pas démontrable. — Examen de l'argument psychologique. — Il aboutit logiquement au subjectivisme et à l'idéalisme. — La métaphysique de Taine manque de preuves . . . . p. 54

CHAPITRE III.

Les causes subordonnées. Le monde.

Exposé de la cosmologie de Taine. — La matière sensible telle qu'elle nous apparaît, est un fantôme créé par les sens ; il n'y a de réel en elle que les lois qu'elle manifeste. — L'identité de nature de tous les êtres : le panvitalisme. — Il n'y a pas de substances, mais seulement des systèmes de faits. . . . . p. 70

Critique de la cosmologie de Taine. — L'extension de la psychologie qui aboutit au panvitalisme, ne repose sur aucune preuve. — Le devenir des choses est inexplicable par les théories de Taine sur la constitution de la matière sensible. . . p. 78

CHAPITRE IV.

La société.

Exposé de la sociologie de Taine. — La théorie des milieux ; la loi des Facteurs Primordiaux. — La race. — Le milieu. — Le moment. — Application de cette loi à la formation des sociétés humaines : la température morale et la botanique humaine. — Le véritable sens de la loi des Facteurs Primordiaux. — L'utilité pratique qu'elle présente. p. 82

Critique de la sociologie de Taine. — La loi des Facteurs Primordiaux n'est qu'une formule qui désigne une tendance ou un fait général. — Critiques injustifiées de MM. Lacombe, Faguet et Giraud. — Critique très heureuse de Sainte-Beuve. — L'utilité pratique de la théorie des milieux est illusoire dans l'hypothèse déterministe. — La vérification décisive manque aux principes de la sociologie de Taine. . . . . p. 106

CHAPITRE V.
L'homme. La Psychologie.

Exposé de la psychologie de Taine. — Conception générale. — La notion du moi. — La sensation, sa nature et sa fonction. — Identité du phénomène physiologique et du phénomène psychique. — Vue d'ensemble sur l'activité psychologique ; les substitutions de signes. — La formation des idées générales. — Les associations d'idées. — Le point de vue critériologique. . . . . p. 122

La Volonté. — Sa nature et son mécanisme. — Les preuves du déterminisme psychologique. . p. 149

La théorie de la « faculté maîtresse ». — L'organisation de l'âme humaine. . . . . p. 156

Critique de la psychologie de Taine. — Son originalité ; la méthode expérimentale. — Taine a outré la portée de cette méthode ; il a converti l'abstention provisoire en une négation absolue. — Les empreintes du système. — Examen de la notion du moi. — Les contradictions de la théorie de l' « hallucination vraie ». — Examen de la doctrine sur les idées générales. — Les conséquences logiques des principes de la psychologie de Taine au point de vue critériologique. . . . . p. 160

Examen des preuves du déterminisme psychologique. . . . . p. 177

Examen de la théorie de la « faculté maîtresse ». p. 180

Jugement d'ensemble sur la psychologie de Taine. p. 181

CHAPITRE VI.

Les Institutions.
La religion. L'organisation sociale et politique.

Exposé des théories de Taine. — L'objet de la sociologie spéciale ; l'action prolongée de la loi des Facteurs Primordiaux. — Les choses morales, comme les choses physiques, ont des dépendances et des conditions. . . . . p. 181
La religion. — Les étapes de sa génèse. — L'origine du christianisme. — Le « préjugé héréditaire ». — La religion est une force sociale . . . p. 192
L'organisation sociale et politique. — La supériorité de l'organisation aristocratique sur l'organisation démocratique. — Le pouvoir central : l'Etat. — Le régime de la centralisation à outrance : les circonstances dont il dérive. — Ses inconvénients. — Les avantages du régime de la décentralisation. p. 201
L'association. — Elle ne peut subsister dans les pays d'organisation démocratique. — Les associations religieuses . . . . p. 218
L'enseignement. — Les inconvénients de l'intervention de l'Etat en cette matière. . . . p. 222
Critique des théories de Taine. — La sociologie spéciale est une application immédiate de la loi des Facteurs Primordiaux. — Taine a identifié les sciences morales et les sciences naturelles : en conséquence, ses théories sociales sont trop systématiques. — La génèse des religions : l'explication naturaliste est insuffisante et sans preuves. — Leur caractère de nécessité absolue mis à part, les théories sur l'organisation sociale et politique, sur l'association et sur l'enseignement, constituent des principes très heureux de philosophie sociale. p. 223

CHAPITRE VII.

L'Esthétique.

Exposé de l'esthétique de Taine. — Choix de la méthode. — La méthode historique : ses procédés. — La définition de l'œuvre d'art ; son but. — L'esthétique de Taine n'est que l'application, à la solution des questions esthétiques, de la loi des Facteurs Primordiaux. — Les lois de la production artistique. — La « température morale » ; la façon dont elle agit sur les œuvres d'art . . . . . p. 233

Critique de l'esthétique de Taine. — Elle n'est qu'en apparence, historique et moderne. — En réalité, elle est dogmatique : Taine procède par voie déductive. — Les préoccupations systématiques ont faussé les résultats de ses recherches historiques. p. 243

DEUXIÈME PARTIE.

LES NORMES.

CHAPITRE VIII.

La Morale.

Exposé de la morale de Taine. — La méthode historique en morale. — Le principe déterministe. — Les deux objets de la morale. — La moralité des actes de l'homme. — Son caractère de relativité. — La solidarité humaine. — De l'idéal dans la vie : le bonheur. — Le stoïcisme. — La conciliation du déterminisme psychologique et de la responsabilité . . . . p. 251

Critique de la Morale de Taine. — Taine a prétendu lui conserver son caractère de science normative. — La conciliation du déterminisme et de la responsabilité n'est pas réalisable. — Taine a cédé à la crainte des conséquences pratiques de son déterminisme . . . . p. 264

CHAPITRE IX.
La Logique.

Exposé de la Logique de Taine. — L'abstraction : son rôle et ses résultats. — La définition. — Le syllogisme. — L'axiome. — Vue d'ensemble sur les différentes opérations intellectuelles. — La méthode . . . . p. 275
Critique de la Logique de Taine. — Taine a cherché à réaliser, par ses théories sur l'abstraction, l'unité de son système, à réduire l'apparente antinomie entre la conception empirique et la conception métaphysique de l'Univers. — La conciliation rêvée n'est pas possible. . . . . p. 287

CHAPITRE X.
La Politique.

Exposé des théories sociales de Taine. — La religion : ses bienfaits au point de vue social. — L'organisation sociale et politique : les bienfaits du système traditionaliste et héréditaire. — Le rôle de l'Etat : principe de la réduction de ses prérogatives aux limites des nécessités de sa mission. — Le régime de l'enseignement : nécessité de respecter en cette matière, l'initiative privée . . . . p. 290
Critique des théories sociales de Taine. — L'apologie qu'il a faite de la religion, n'est pas, chez Taine, l'indice d'un retour à ses convictions religieuses. — La question des « deux Taine ». — Malgré quelques contradictions de détail, la doctrine de Taine n'a jamais varié. — Quelques-unes de ses théories sociales peuvent être « utilisées ». . . p. 306

CHAPITRE XI.

L'Idéal dans l'Art.

Exposé de la doctrine de Taine. — Le but de l'art. — Les règles à observer dans la production des œuvres d'art. — Les œuvres d'art se hiérarchisent en une échelle de valeur croissante selon le degré d'importance et de bienfaisance du caractère exprimé par elles, et selon le degré de convergence des effets qu'elles emploient pour l'exprimer. p. 319
Critique de la doctrine de Taine. — Elle aboutit à des conclusions inattendues. — Elle est, sinon contradictoire dans le système de Taine, du moins indépendante de celui-ci. . . . . p. 332

CHAPITRE XII.

Conclusion.

Les influences subies par Taine. — Les influences qu'il a exercées. — La partie durable de son système philosophique. . . . . p. 336

FIN.

Imprimé par Desclée, De Brouwer et Cie, LILLE — PARIS — BRUGES.

www.ingramcontent.com/pod-product-compliance
Lightning Source LLC
Chambersburg PA
CBHW070437170426
43201CB00010B/1126